Ist die vorherrschende Form der multikulturellen Toleranz nicht viel weniger unschuldig, als sie zu sein scheint? Immerhin lässt sie die Entpolitisierung der Ökonomie zu. Diesem Multikulturalismus liegt die Überzeugung zugrunde, dass wir in einer post-ideologischen Welt leben, die Gegensätze zwischen Links und Rechts überwunden und die wichtigsten Auseinandersetzungen jene um die Anerkennung der verschiedenen Lebenskonzepte sind.
Was wir heute brauchen, zeigt Žižek, ist eine starke Dosis Intoleranz – und zwar gerade im Hinblick auf die eigentlich politische Landschaft der Opposition. Vielleicht ist es nötig, die multikulturelle Haltung von links zu kritisieren und für eine neue Politisierung des Ökonomischen zu plädieren. Žižek zeigt: Was wir heute brauchen, ist eine starke Dosis Intoleranz – und zwar gerade im Hinblick auf die eigentlich politische Landschaft der Opposition.

Slavoj Žižek, geboren 1949 in Ljubljana, ist Philosoph und Psychoanalytiker.

EIN PLÄDOYER FÜR DIE INTOLERANZ

PASSAGEN FORUM

Slavoj Žižek

Ein Plädoyer für die Intoleranz

Aus dem Englischen
von Andreas Leopold Hofbauer

Herausgegeben von Peter Engelmann

Passagen Verlag

Deutsche Erstausgabe
Aus dem Englischen von Andreas Leopold Hofbauer

Die Deutsche Bibliothek verzeichnet diese Publikation in der Deutschen Nationalbibliografie; detaillierte bibliografische Daten sind im Internet über http://dnb.dnb.de abrufbar.

ISBN 978-3-7092-0188-6
6. Auflage 2013

Grafisches Konzept: Gregor Eichinger
Satz: Passagen Verlag Ges. m. b. H., Wien
http://www.passagen.at
Druck: Ferdinand Berger & Söhne GmbH, Horn

Inhalt

Die erste Gestalt der Hoffnung ist die Furcht, die erste Erscheinung des Neuen der Schrecken.

Heiner Müller

Einleitung

Tagtäglich werden wir von der liberalen Presse mit der Vorstellung bombardiert, die größte Gefahr unserer Zeit bestehe im intoleranten (ethnischen, religiösen, sexistischen ...) Fundamentalismus und dessen Bekämpfung sei nur mittels einer konsequent eingenommenen multikulturalistischen Haltung Erfolg versprechend. Ist das aber tatsächlich so selbstverständlich? Was, wenn die vorherrschende Form der multikulturellen Toleranz gar nicht so unschuldig wäre, wie sie sich gibt, insoweit sie nämlich die Entpolitisierung der Ökonomie schon stillschweigend akzeptiert hat? Diese vorherrschende Form des Multikulturalismus beruht auf der Idee, dass wir in einer postideologischen Welt leben, in der wir die alten, zu Uneinigkeit führenden Kämpfe zwischen Links und Rechts weit hinter uns gelassen haben und in der nun die wichtigen Schlachten diejenigen seien, die um die Anerkennung der unterschiedlichen *Life-Styles* gefochten werden – was aber, wenn dieser entpolitisierte Multikulturalismus *die* Ideologie des derzeitigen globalen Kapitalismus ist? Deshalb ist es heute vielleicht notwendig, eine starke Dosis *Intoleranz* zu verabreichen, nämlich genau zum Zweck einer politischen, Uneinigkeit schaffenden, Leidenschaft; möglicherweise ist die Zeit gekommen, den herrschenden multikulturalistischen Ansatz *von Links her* zu kritisieren und ein Plädoyer für eine erneuerte Politisierung der Ökonomie zu halten.

Die Hegemonie und ihre Symptome

Diejenigen, die sich noch an die guten alten Tage des sozialistischen Realismus erinnern, sind sich der Schlüsselrolle wohl gewahr, die die Vorstellung des „Typischen“ in seinem Theoriegebäude spielte: wahrhaft fortschrittliche sozialistische Literatur sollte „typische“ Helden in „typischen“ Situationen darstellen. Schriftsteller, die etwa ein überwiegend freudloses Bild der sowjetischen Realität präsentierten, wurden nicht nur beschuldigt zu lügen – sie wurden beschuldigt, eine verzerrte Wiedergabe der gesellschaftlichen Realität zu liefern, indem sie sich auf Phänomene konzentrierten, die nicht „typisch“ seien, sondern bloß traurige Überbleibsel der Vergangenheit. Demgegenüber sollten sie sich auf typische Phänomene konzentrieren, und zwar genau im Sinn des Ausdrucks der zugrundeliegenden historischen Tendenz des Fortschritts zum Kommunismus. Eine Erzählung, die einen neuen sozialistischen Typus von Menschen präsentierte, der sein Leben dem Glück aller Menschen widmete, beschrieb natürlich ein Minderheitenphänomen (die Mehrheit der Menschen war noch nicht so weit), nichtsdestoweniger aber ein Phänomen, das es uns ermöglicht, die wahrhaft fortschrittlichen Kräfte zu identifizieren, die in der gegenwärtigen gesellschaftlichen Situation schon am Werk waren ... So lächerlich diese Vorstellung des „Typischen" auch scheinen mag, so liegt doch ein Körnchen Wahrheit in ihr – und das rührt vom Umstand, dass jede scheinbar allgemeine ideologische Vorstellung immer durch irgendeinen partikularen Inhalt hegemonisiert wird, der eben diese Universalität färbt und ihre Effizienz begründet. In der gegenwärtigen Ablehnung des Sozialfürsorgesystems durch die Neue Rechte in den USA zum Beispiel wird der Gedanke des bestehenden Wohlfahrtssystems durch das konkrete Beispiel der mittlerweile schon sprichwörtlich gewordenen alleinerziehenden afroamerikanischen Mutter kontaminiert und als ineffizient ausgewiesen, so als ob die soziale Wohlfahrt in erster Linie ein Programm für alleinstehende schwarze Mütter sei – der Einzelfall der „alleinerziehenden schwarzen Mutter" wird stillschweigend als „typischer" Fall der allgemeinen Vorstellung von gesellschaftlicher Fürsorge und zugleich dessen angenommen, was an dieser falsch laufen könnte. Und dasselbe gilt für *jede* universal-ideologische Vorstellung: immer ist nach dem partikularen Inhalt zu suchen, der für die spezifische Effizienz einer ideologischen Vorstellung einsteht. Im Fall der *Moral-Majority*-Kampagne gegen Abtreibung ist der „typische" Fall das genaue Gegenteil der (arbeitslosen) schwarzen Mutter. Es ist eine erfolgreiche und promiskuitive Karrierefrau, die ihrer beruflichen Karriere den Vorrang vor ihrer „natürlichen" Bestimmung – der Mutterschaft – gibt. (Was im eklatanten Widerspruch zu den Fakten steht, die zeigen, dass die Mehrzahl der Abtreibungen in den kinderreichen Familien aus den unteren Klassen durchgeführt werden.) Diese spezielle „Verdrehung", mit der dieser partikulare Inhalt als ein „typischer" für die universale Idee ausgegeben wird, ist das Element der Phantasie, des phantasmatischen Hintergrunds/Trägers der universalen ideologischen Vorstellung – für Kant spielt er die Rolle eines „transzendentalen Schematismus", der die leere allgemeine Vorstellung in eine Vorstellung übersetzt, die sich direkt auf unsere „konkrete Erfahrung" bezieht und sich dieser appliziert. Als solche ist diese phantasmatische Spezifikation in keiner Hinsicht eine bloße Illustration oder Erklärung: erst auf dieser Ebene, auf der ein partikularer Inhalt als „typisch" gilt, werden Schlachten gewonnen oder verloren. Um auf unser Beispiel der Abtreibung zurückzukommen: in dem Augenblick, wo wir den Fall der Abtreibung in einer Großfamilie der Unterschicht, die nicht in der Lage ist, ein weiteres Kind aufzuziehen, als „typisch" annehmen würden, kippte die gesamte Perspektive auf radikale Art und Weise ...

Der Kampf um die ideologisch-politische Hegemonie ist somit immer ein Kampf um die Aneignung der Begriffe, die „spontan" als „apolitisch" erfahren werden, da sie die politischen Grenzen transzendieren. Kein Wunder, dass die stärkste dissidente oppositionelle Kraft in den späten osteuropäischen Ländern *Solidarität* hieß. Ein Signifikant für die unmögliche Fülle der Gesellschaft, wie er im Buche steht. Es war so, als ob das, was Ernesto Laclau die Logik der Äquivalenz nennt, in diesen wenigen Jahren zu ihrem Äußersten getrieben worden wäre. „Kommunisten an der Macht" diente als *die* Verkörperung der Nichtgesellschaft, des Verfalls und der Korruption, die es auf magische Weise schafften, alles und jeden gegen sich aufzubringen; selbst die enttäuschten „ehrlichen Kommunisten". Von den konservativen Nationalisten wurden sie beschuldigt, die polnischen Interessen an die sowjetischen Herren zu verraten; marktorientierte Unternehmer sahen in ihnen eine Behinderung ihrer zügellosen kapitalistischen Aktivitäten; für die katholische Kirche waren die Kommunisten amoralische Atheisten; für die Bauern repräsentierten sie die Macht der gewalttätigen Modernisierung, die ihre Lebensart aus den gewohnten Bahnen gebracht hatte; für Künstler und Intellektuelle stand der Kommunismus als Synonym für ihre alltägliche Erfahrung einer repressiven und stupiden Zensur; die Arbeiter sahen sich nicht allein durch die Parteibürokratie ausgebeutet, sondern mehr noch durch den Anspruch erniedrigt, dass dies in ihrem Namen geschähe; und zuletzt betrachteten auch die alten und desillusionierten Linken das Regime als einen Verrat am „wahren Sozialismus". Die unmögliche *politische* Allianz zwischen all diesen divergierenden und potentiell antagonistischen Positionen war nur unter der Fahne des Signifikanten möglich, der als solcher gerade an die Grenze gestellt ist, die das Politische vom Vorpolitischen trennt; „Solidarität" ist ein perfekter Kandidat für diese Rolle: sie ist politisch wirksam, insofern sie die „einfache" und „fundamentale" Einheit der Menschheit bezeichnet, die sie über alle politischen Differenzen verbinden soll. – Wenn nun aber dieser magische Moment allgemeiner Solidarität verflogen ist, so bleibt als der Signifikant, der in manchen postsozialistischen Staaten als der Signifikant dessen erscheint, was Laclau die „abwesende Fülle“ der Gesellschaft nennt, nur *Ehrlichkeit.* Hier formt sich nun der Brennpunkt einer spontanen Ideologie der „einfachen Leute“, die sich in den ökonomisch-gesellschaftlichen Turbulenzen verstrickt sahen, in denen die Hoffnungen auf eine neue Fülle der Gesellschaft, die auf den Kollaps des Sozialismus hätte folgen sollen, grausam betrogen wurden, so dass in ihren Augen die „alte Garde“ (die Ex-Kmmunisten) und die Ex-Dissidenten, die nun ihrerseits die Ränge innerhalb der Macht eingenommen hatten, darin gemeinsame Sache machten, sie unter dem Banner der Demokratie und der Freiheit sogar noch mehr auszubeuten als zuvor ... Die Schlacht um die Hegemonie konzentriert sich nun natürlich auf den partikularen Inhalt, der dem Signifikanten eine Wendung zu geben vermag: Was heißt „Ehrlichkeit“? Für einen Konservativen heißt das genauso Rückkehr zu den traditionellen moralischen und religiösen Werten, wie Reinigung des Gesellschaftskörpers von den Resten des alten Regimes; für einen Linken soziale Gerechtigkeit und Widerstand gegen die zu rasche Privatisierung und so weiter. Die selbe Maßnahme – zum Beispiel der Kirche Land rückzuerstatten – ist folglich vom Standpunkt des Konservativen her betrachtet „ehrlich“ und aus der Perspektive des Linken „unehrlich“. Jeder Standpunkt (re)definiert stillschweigend „Ehrlichkeit“, um sie an die jeweils eigene ideologisch-politische Position anzupassen. Es wäre jedoch falsch zu behaupten, dass sich der Konflikt nur bezüglich der unterschiedlichen Bedeutungen des Begriffs „Ehrlichkeit“ abspielt: In einer solchen „semantischen Klarstellung“ geht verloren, dass jede dieser Positionen von sich behauptet, *die eigene*

Ehrlichkeit sei die einzig „wahre" Ehrlichkeit – der Kampf ist nicht nur einfach ein Kampf zwischen verschiedenen partikularen Inhalten, sondern ein Kampf, der dem Universalen selbst innewohnt.

Wie ist nun also ein partikularer Inhalt dabei erfolgreich, einen anderen Inhalt in seiner Aufgabe Platzhalter für das Universale zu sein, zu ersetzen? In einer konkreten Situation des Postsozialismus wird „Ehrlichkeit" als der Signifikant der abwesenden Fülle der Gesellschaft durch den partikularen Inhalt hegemonisiert, der die alltägliche Erfahrung engagierter Individuen wiedergibt und sie überzeugender „lesbar" macht, das heißt, der es ihnen erlaubt, ihre Lebenserfahrung effektiver in eine konsistente Erzählung einzubauen. Natürlich ist „Lesbarkeit" kein neutrales Kriterium, sie beruht immer auf einem ideologischen Kampf. Die Tatsache, dass nach dem Zusammenbruch der vorherrschenden bourgeoisen Erzählung im Deutschland der frühen 30er Jahre – die nicht in der Lage gewesen war, die globale Krise in Betracht zu ziehen – der Antisemitismus der Nazis diese Krise „überzeugender lesbar" machte als die sozialistisch-revolutionäre Erzählung, ist das kontingente Ergebnis einer Serie überdeterminierter Faktoren. Oder, um es anders zu sagen: Eine solche „Lesbarkeit" impliziert kein einfaches Wettbewerbsverhältnis zwischen einer Vielzahl von Erzählungen/Beschreibungen und einer außerdiskursiven Realität, wobei diejenige Erzählung gewinnt, die der Realität am „adäquatesten" ist. Das Verhältnis ist zirkulär und selbstbezüglich, das heißt die Erzählung bestimmt schon im voraus, was wir als „Realität" erfahren werden.

Warum sind die herrschenden Ideen nicht die Ideen der Herrschenden?

Worauf wir als nächstes hinweisen wollen ist, dass jede hegemoniale Universalität zumindest *zwei* partikulare Inhalte einbeziehen muss – den „authentischen" populären Inhalt und seine „Verzerrung" durch die Verhältnisse von Unterdrückung und Ausbeutung.[1] Natürlich „manipuliert" die faschistische Ideologie die verbreitete authentische Sehnsucht nach wahrer Gemeinschaft und gesellschaftlicher Solidarität gegenüber entfesseltem Wettbewerb und Ausbeutung; selbstverständlich „verzerrt" sie den Ausdruck dieser Bemühung, um die Fortsetzung der Unterdrückungs- und Ausbeutungsverhältnisse zu legitimieren. Jedoch muss sie, um diesen Effekt erzielen zu können, nichtsdestoweniger eine authentische populäre Sehnsucht umfassen. Bei der ideologischen Hegemonie handelt es sich daher nicht um einen Inhalt, der unmittelbar die Leere des Universalen ausfüllt. Vielmehr ist sie genau die Form der ideologischen Universalität, die den Kampf zwischen den (letztlich) zwei partikularen Inhalten bezeugt, dem „populären" Inhalt, der die geheimen Sehnsüchte der beherrschten Mehrheit ausdrückt, und dem spezifischen Inhalt der Mächte der Unterdrückung.

Man ist hier geneigt, sich auf die Freud'sche Unterscheidung zwischen latentem Traumgedanken und unbewusstem Wunsch zu beziehen, die im Traum zum Ausdruck kommen. Die beiden sind nicht dasselbe, da der unbewusste Wunsch sich durch die „Durcharbeitung", durch die Übersetzung des latenten Traumgedankens in den expliziten Traumtext hinein artikuliert. Auf gleiche Weise gibt es nichts „faschistisches" („reaktionäres") im „latenten Traumgedanken" der faschistischen Ideologie (die Sehnsucht nach einer authentischen Gemeinschaft und gesellschaftlicher Solidarität); der Grund für den eigentlichen faschistischen Charakter der faschistischen Ideologie ist die Art und Weise, mit der dieser „latente Traumgedanke" durch die ideologische „Traumarbeit" transformiert/ausgearbeitet wird, hinein in einen expliziten ideologischen Text, der nicht aufhört, die gesellschaftlichen Verhältnisse der Ausbeutung und Unterdrückung zu legitimieren. Und verhält es sich nicht auch genauso mit dem heutigen Populismus der Rechten? Verwerfen die liberalen Kritiker nicht vorschnell all die Werte als zutiefst „fundamentalistisch" oder „protofaschistisch", auf die sich ihr Populismus bezieht?

Nicht-Ideologie (die Fredric Jameson das utopische Moment nennt, das auch noch in der grauenhaftesten Ideologie präsent ist), ist folglich absolut unentbehrlich: Ideologie ist auf gewisse Weise nichts anderes als die Form der Erscheinung der Nicht-Ideologie, ihre formale Verzerrung/Verschiebung. Um auf den schrecklichsten vorstellbaren Fall zurückzukommen: Gründete der Antisemitismus der Nazis nicht in einer utopischen Sehnsucht nach authentischem

Gemeinschaftsleben, in der völlig gerechtfertigten Verweigerung irrationaler kapitalistischer Ausbeutung? Unser Anliegen diesbezüglich ist abermals, dass es theoretisch wie politisch falsch wäre, die Sehnsucht nach authentischem Gemeinschaftsleben per se als „protofaschistisch" zu verdammen, sie als eine „totalitäre Phantasie" zu denunzieren, das heißt nach den möglichen „Wurzeln" des Faschismus bei gerade dieser Sehnsucht zu suchen (der übliche Fehler der liberal-individualistischen Kritik am Faschismus). Man muss demgegenüber dem nichtideologischen utopischen Charakter dieser Sehnsucht vollständig zustimmen. Ideologisch wird sie erst, indem sie als die Legitimierung einer bestimmten Vorstellung dessen, was kapitalistische Ausbeutung ist, funktionalisiert wird (das Resultat des jüdischen Einflusses, die Vorherrschaft des Finanzkapitals über das „produktive" Kapital, das in Richtung einer harmonischen „Partnerschaft" mit den Arbeitern tendiert ...) und konzeptionalisiert, wie jene überwunden werden kann (natürlich indem man die Juden los wird).

Entscheidend für eine erfolgreiche Ideologie ist folglich die Spannung *innerhalb* ihres partikularen Inhalts, zwischen den Themen und Motiven, die zu den „Unterdrückten" und denen, die zu den „Unterdrückern" gehören. Die herrschenden Ideen sind *niemals* unmittelbar die Ideen der herrschenden Klasse. Wollen wir uns nun demjenigen zuwenden, was dafür vielleicht das beste Beispiel darstellt, dem Christentum – wie wurde es zur herrschenden Ideologie? Indem es eine Reihe von Motiven und Zielen der Unterdrückten aufgriff (die Wahrheit ist auf Seiten der Leidenden und Erniedrigten, Macht korrumpiert ...) und dies auf eine solche Weise ausdrückte, dass sie mit dem existierenden Herrschaftsverhältnis kompatibel wurden. Und selbiges gilt auch für den Faschismus. Der grundsätzliche ideologische Widerspruch des Faschismus ist der zwischen Organizismus und Mechanizismus; die organisch ästhetisierte Vision des Gemeinschaftskörpers *und* die extreme „Technisierung“, Mobilisierung, Destruktion, Auslöschung der letzten Spuren „organischer“ Gemeinschaften (Familien, Universitäten, lokale Traditionen der Selbstverwaltung) auf dem Niveau eingesetzter „Mikropraktiken“ der Machtausübung. Im Faschismus ist somit die ästhetisierte organizistische Ideologie der Verkörperung genau diejenige Form einer unerhörten technologischen Mobilisation der Gesellschaft, die die „organischen“ Verbindlichkeiten durchtrennt ... Dieses Paradox erlaubt es uns, nicht in die liberalistisch-multikulturalistische Falle zu tappen, die glaubt, jeden Ruf zu einer Rückkehr zu organischen (ethnischen oder anderen) Verbindlichkeiten als „protofaschistisch“ verdammen zu müssen. Was den Faschismus definiert, ist vielmehr eine spezifische Kombination der organizistischen Korporation mit dem Trieb zur rücksichtslosen Modernisierung. Um es nochmals anders zu sagen: In jedem tatsächlichen Faschismus entdeckt man immer wieder Elemente, die uns sagen lassen: „Dies ist noch kein wirklicher Faschismus, hier gibt es immer noch inkonsistente Elemente aus linken Traditionen oder aus dem Liberalismus“; diese Beseitigung des Phantoms des „reinen“ Faschismus jedoch, diese Distanznahme zu ihm *ist* der Faschismus *tout court*. In Ideologie und Praxis ist der „Faschismus“ nichts anderes als ein bestimmtes formales Prinzip der Verzerrung des gesellschaftlichen Antagonismus, eine bestimmte Logik der Verschiebung durch Kombination und Zusammenfassung inkonsistenter Haltungen.

Die gleiche Verzerrung lässt sich in dem Umstand ausmachen, dass heute die einzige Klasse, die in ihrer „subjektiven" Selbstwahrnehmung sich explizit auf sich selbst als Klasse bezieht und sich als solche präsentiert, die sprichwörtlich gewordene „Mittelklasse" ist, die aber nichts anderes als eine „Nicht-Klasse" ist. Die angeblich hart arbeitende Mittelschicht der Gesellschaft, die sich nicht nur ihrer Treue zu den unerschütterlichen Moral- und Religionsstandards rühmt, sondern sich auch auf eine gedoppelte Opposition zu den beiden „Extremen" des gesellschaftlichen Raumes beruft, die nichtpatriotischen „entwurzelten" Großkonzerne auf der einen Seite und die armen ausgeschlossenen Einwanderer und Ghettobewohner auf der anderen. Die „Mittelklasse" gründet ihre Identität auf der Exklusion dieser beiden Extreme, die, würden sie einander direkt gegenübergestellt, den „Klassenantagonismus" in Reinform bilden. Die konstitutive Lüge genau dieser Vorstellung der „Mittelklasse" ist folglich dieselbe, wie jene der wahren Parteilinie zwischen den beiden Extremen der „Rechts-" und „Linksabweichler" im Stalinismus: die „Mittelklasse" ist, in ihrer „reellen" Existenz, die *verkörperte Lüge*, die Verleugnung des Antagonismus – in psychoanalytischen Begriffen ist die „Mittelklasse" ein *Fetisch*, die unmögliche Überschneidung von Links und Rechts, die, indem sie beide Pole des Antagonismus auf die Position antisozialer „Extreme" verweist, die die Gesundheit des Gesellschaftskörpers destabilisieren (multinationale Konzerne und eindringende Emigranten), sich selbst als den neutralen gemeinsamen Boden der Gesellschaft präsentiert. Linke beklagen gewöhnlich den Umstand, dass die Frontlinie als Regulativ des Klassenkampfes verwischt, verschoben und falsifiziert wurde; exemplarisch im Fall des Populismus von Rechts, der sich selbst so darstellt, als spräche er im Interesse der Bevölkerung, während er in der Tat die Interessen derjenigen vertritt, die an der Macht sind. Die beständige Verschiebung und „Falsifikation" der Frontlinie (der Klassen) *ist* jedoch der „Klassenkampf": Eine Klassengesellschaft, in der die ideologische Wahrnehmung der Teilung der Klassen rein und unvermittelt wäre, würde eine harmonische Struktur ohne Kampf ergeben – oder, um es mit Laclau zu sagen: Der Klassenkampf würde dadurch vollständig symbolisiert werden, er wäre nicht länger unmöglich/real, sondern ein simples, differentielles Strukturmerkmal.

Das Politische und seine Verleugnungen

Sind wir also nun, da die Vorstellung der Hegemonie die elementare Struktur der ideologischen Herrschaft beweist, dazu gezwungen, dieses Oszillieren innerhalb des Raumes der Ideologie mitzumachen, oder ist es möglich – zumindest zeitweilig – diesen ihren Mechanismus auszusetzen? Jacques Rancières Feststellung lautet, dass eine solche Subversion nicht nur stattfinden kann, sondern dass sie sogar den Kern der Politik, eines eigentlichen politischen Ereignisses, konstituiert.

Was bedeutet für Rancière aber *eigentliche Politik*?[1] Sie ist ein Phänomen, das zum ersten Mal im antiken Griechenland auftaucht, als die Mitglieder des *demos* (diejenigen ohne bestimmten Platz im hierarchischen gesellschaftlichen Gefüge) nicht nur forderten, dass ihre Stimme vor den Herrschenden Gehör finden soll, also vor denjenigen, die die gesellschaftliche Kontrolle ausübten. Somit protestierten sie nicht allein gegen das Unrecht (*le tort*), das sie zu erleiden hatten, sondern wollten, dass ihre Stimme Gehör finden und als zugehörig zur öffentlichen Sphäre anerkannt werden sollte, auf gleicher Ebene mit der regierenden Oligarchie und Aristokratie stehend; mehr noch: Sie, die

Ausgeschlossenen, die über keine festgelegten Plätze im gesellschaftlichen Gefüge verfügten, präsentierten sich selbst als die Repräsentanten, die Platzhalter des Ganzen der Gesellschaft, der wahren Allgemeinheit („Wir – das ‚Nichts', das in der Ordnung nicht zählt – sind das Volk, wir sind Alle, die sich gegen die stellen, die nur ihre partikularen privilegierten Interessen vertreten"). Kurz gesagt bezeichnet der politische Konflikt also die Spannung zwischen dem strukturierten Gesellschaftskörper, in dem jeder Teil seinen festen Platz hat, und dem „Anteil der Anteillosen", der diese Ordnung aufgrund des leeren Prinzips der Universalität erschüttert, aufgrund dessen, was Balibar *Gleichfreiheit (égaliberté)* nennt – die prinzipielle Gleichheit aller Menschen als Sprachwesen.[2] Politik beinhaltet somit immer eine Art Kurzschluss zwischen dem Universalen und dem Partikularen. Das Paradox eines *singulier universel*, eines Singulären, das als Platzhalter des Universalen erscheint und die „natürliche" funktionale Ordnung der Beziehungen im Gesellschaftskörper destabilisiert. Diese Identifikation des Nicht-Teils mit dem Ganzen, desjenigen Teils der Gesellschaft ohne genau festgelegtem Platz (oder der ihm zugewiesenen subordinierten Stellung widerstreitend) mit dem Universalen, ist die elementare Geste der Politisierung, die man in allen großen demokratischen Ereignissen ausmachen kann, von der Französischen Revolution (in der der *dritte Stand* sich selbst, gegen Aristokratie und Klerus, als mit der Nation identisch ausgerufen hatte) bis hin zur Abdankung des ehemaligen europäischen Sozialismus (in dem regimekritische „Foren" sich selbst zu den Repräsentanten der gesamten Gesellschaft gegenüber der Partei*nomenklatura* erklärten).

In genau diesem Sinn sind Politik und Demokratie Synonyme. Grundsätzliches Ziel antidemokratischer Politik ist und war der Definition gemäß immer die Entpolitisierung, das heißt die bedingungslose Forderung, dass die „Lage sich wieder normalisieren“ und jedes Individuum wieder seinem oder ihrem partikularen Geschäft nachgehen soll ... Aus diesem Grund besteht der eigentliche politische Kampf, wie Rancière gegen Habermas demonstriert, nie allein aus einer rationalen Diskussion vielfältiger Interessen, sondern ist gleichzeitig auch der Kampf um die eigene Stimme, die als die Stimme eines rechtmäßigen Partners gehört und anerkannt werden soll. Wenn die „Ausgeschlossenen“, vom griechischen *demos* bis hin zu den polnischen Arbeitern, gegen die regierende Elite (Aristokratie oder *Nomenklatura*) protestieren, so geht es dabei nicht allein um explizite Forderungen (höhere Löhne, bessere Arbeitsbedingungen und so weiter), sondern um ihr fundamentales Recht als gleichberechtigte Partner in der Debatte gehört und anerkannt zu werden – in Polen hatte die *Nomenklatura* den Augenblick versäumt Solidarnosc als gleichberechtigten Partner anzuerkennen. Diese plötzlichen Einbrüche des eigentlich Politischen unterminieren, was Rancière die Ordnung der *Polizei* nennt, die etablierte gesellschaftliche Ordnung, wo jeder Teil an seinem rechten Platz ist. Rancière betont dabei natürlich, dass die Trennlinie zwischen Polizei und Politik immer eine verschwommene und eine in Frage gestellte ist. So kann etwa in der marxistischen Tradition „Proletariat“ als Subjektivierung des „Anteils der Anteillosen“ gelesen werden, die die ihr widerfahrene Ungerechtigkeit zum ultimativen Prüfstein des

Universalen macht, und gleichzeitig als ein Operator, der die Errichtung einer postpolitischen rationalen Gesellschaft herbeiführen wird.

Man kann nun sehen, warum tribale, vorstaatliche Gesellschaften mit all ihren authentischen protodemokratischen Entscheidungsprozessen in gemeinsamen Angelegenheiten (Zusammenkunft des Volkes, Diskussion und Abstimmung) noch nicht *demokratisch* sind – nicht weil Politik als solche eine Selbstentfremdung verlangt, das heißt, nicht weil Politik eine abgehobene Sphäre über den konkreten gesellschaftlichen Antagonismen darstellt (wie das übliche marxistische Argument lauten würde), sondern weil es dem Rechtsstreit in diesen vorpolitischen tribalen Zusammenkünften am notwendigen politischen Paradox eines *singulier universel* mangelt, eines „Anteils der Anteillosen", der sich selbst als ein unvermittelter Platzhalter des Universalen als solchem präsentiert. Zuweilen kann der Wechsel vom eigentlichen Politischen zum Polizeilichen nur aufgrund des Wechsels vom bestimmten zum unbestimmten Artikel stattfinden, wie dies die ostdeutschen Massen gegen das kommunistische Regime in den letzten Tagen der DDR demonstriert hatten. Zuerst riefen sie „Wir sind *das* Volk!"* und vollzogen dabei Politisierung in Reinform – sie, der ausgeschlossene konterrevolutionäre „Abschaum" des offiziellen Ganzen des Volkes, ohne rechtmäßigen Platz im offiziellen Raum (oder genauer gesagt, von offizieller Seite nur als „Konterrevolutionäre", „Hooligans" oder bestenfalls als „Opfer der bourgeoisen Propaganda" tituliert), beriefen sich darauf, für *das* Volk zu stehen, für „alle". Einige Tage später aber änderte sich der Schlachtruf in „Wir sind *ein* Volk!"* und signalisierte damit klar die Schließung der vorübergehenden authentischen politischen Öffnung, die Wiedereinführung des demokratischen Impetus im Vertrauen auf eine Wiedervereinigung Deutschlands, das heißt des Wiedereintritt in die liberal-kapitalistische polizeiliche/politische Ordnung Westdeutschlands.

Es gibt eine ganze Reihe von Verleugnungen dieses politischen Moments in der eigentlichen Logik des politischen Konflikts:

– *Archi-Politik*: „kommunitaristische“ Bemühungen, einen traditionellen geschlossen, organisch strukturierten, homogenen gesellschaftlichen Raum zu definieren, der keine Leere offen lässt, aus der heraus der politische Augenblick/das politische Ereignis eintreten könnte;

– *Para-Politik*: die Bemühung, die Politik zu entpolitisieren (sie in eine Polizeilogik zu übersetzen). Man akzeptiert den politischen Konflikt, reformuliert ihn aber als Wettkampf zwischen anerkannten Parteien/Agenten innerhalb des repräsentativen Raumes um die (zeitweilige) Einnahme des Platzes der exekutiven Machtausübung. (Diese Para-Politik bildet natürlich eine Reihe unterschiedlicher Folgeversionen aus: der Hauptbruch liegt zwischen der klassischen und der modernen, Hobbes'schen Formulierung der Enteignung der individuellen Rechte durch das Aufkommen der souveränen Staatsmacht. Habermas'sche und Rawls'sche Ethik sind vielleicht die letzten philosophischen Ausläufer dieser Haltung: die Bemühungen, die Politik aus den Antagonismen herauszuführen, indem klare Regeln formuliert werden, die zu beachten sind, so dass der Prozess des Rechtsstreits nicht zur *eigentlichen Politik* ausufert.)

– Die marxistische (oder utopisch sozialistische) *Meta-Politik*: dem politischen Konflikt wird völlig zugestimmt, *aber* in Form eines Schattentheaters, bei welchem sich Ereignisse zeigen, deren eigentlicher Platz ein anderer Schauplatz (nämlich der ökonomische Prozess) ist; das äußerste Ziel der „wahren" Politik ist folglich eine Selbstaussetzung, die Verwandlung der „Verwaltung von Personen" in eine „Sachverwaltung" innerhalb einer sich völlig selbst transparenten rationalen Ordnung des Kollektivwillens. (Genauer gesagt ist der Marxismus mehrdeutiger, da der Begriff „politische Ökonomie" auch den Raum für eine ihm entgegengesetzte Geste öffnet, die die Politik ins Innerste der Ökonomie einführt, das heißt genau den „apolitischen" Charakter des ökonomischen Prozesses als die vorzügliche ideologische Illusion denunziert. Der Klassenkampf *drückt* nicht irgendwelche objektiven ökonomischen Widersprüche *aus*, sondern er *ist* die *Existenzform* dieser Widersprüche.)

– Die vierte Form stellt die verschlagenste und radikalste Version dieser Verleugnung dar (und wird von Rancière nicht erwähnt). Wir sind geneigt, sie *Ultra-Politik* zu nennen: die Bemühung den Konflikt zu entpolitisieren, indem man ihn in sein Extrem steigert, nämlich durch direkte Militarisierung der Politik, das heißt die Politik zu einem *Krieg* zwischen „Uns" und „den Anderen", unseren Feinden, umzuformulieren, wobei es dann keinen gemeinsamen Hintergrund für den symbolischen Konflikt mehr gibt – es ist zutiefst symptomatisch, dass die radikale Rechte anstatt vom Klassen*kampf*, vom *Krieg* der Klassen oder (auch sexueller) *Krieg*führung spricht.

In allen diesen vier Fällen finden wir folglich die Bemühung vor, die traumatische Dimension des Politischen zu mäßigen. Irgend etwas ist im antiken Griechenland unter dem Namen *demos* aufgetaucht und forderte nun seine Rechte ein, und von Beginn an (das heißt seit Platons *Staat*) bis zur heutigen Wiederkehr liberaler „politischer Philosophie" war es darum bemüht, das destabilisierende Potential des Politischen auszuschalten, zu verleugnen und/oder in der einen oder anderen Weise zu regulieren. Und zwar derart, dass sie entweder eine Rückkehr zum präpolitischen Gesellschaftskörper forderte, die Regeln des politischen Wettstreits festlegen wollte und so weiter. Der metaphorische Rahmen, den wir benutzen, wenn wir uns auf den politischen Prozess beziehen, ist folglich niemals unschuldig und neutral – er „schematisiert" die konkrete Bedeutung des Politischen. Eine Ultra-Politik muss auf das Modell der *Kriegführung* rekurrieren, wobei Politik als eine Art der gesellschaftlichen Kriegführung angesehen wird, als eine Position, die „den Anderen", den Feinden, gegenüber eingenommen wird. Archi-Politik zieht demgegenüber das *medizinische* Modell vor, in dem wiederum die Gesellschaft als zusammengesetzter Körper vorgestellt wird, als ein Organismus, in dem die antagonistischen gesellschaftlichen Gruppen den Krankheiten eines Organismus gleichen, das heißt das, was wir demzufolge bekämpfen sollten, unser Feind, ist ein kanzerogener Eindringling, ein fremdartiger Parasit, der vernichtet werden muss, soll die Gesundheit dieses Gesellschaftskörpers wiederhergestellt werden. Die Para-Politik benutzt das Modell des *agonalen* Wettstreits, der einigen gemeinsam anerkannten Regeln folgt, die in etwa der Form eines Sportwettkampfes gleichen. Meta-Politik beruht auf dem Modell des szientifisch-technischen *instrumentellen* Prozesses, während die Post-Politik das Modell der geschäftlichen *Verhandlung* und des strategischen *Kompromisses* beinhaltet.

Post-Politik ...

„Politische Philosophie“ ist somit in allen ihren unterschiedlichen Erscheinungsformen eine Art „Abwehr-Formation“, und ihre Typologie könnte vielleicht über eine Bezugnahme auf die unterschiedlichen Abwehrverhalten gegenüber den traumatischen Erfahrungen, wie sie sich in der Psychoanalyse zeigen, nachgewiesen werden. Derzeit haben wir es jedoch mit einer anderen Form der Verleugnung des Politischen zu tun, nämlich der postmodernen Post-Politik, die nicht länger bloß das Politische „verdrängt“, um es einzuschließen und die „Wiederkehr des Verdrängten“ zu pazifizieren, sondern sie „schließt“ es noch effektiver aus, sodass die postmodernen Formen der ethnischen Gewalt mit deren „irrationalen“ und exzessiven Charakter nicht länger einfache „Widergänger des Verdrängten“ sind, sondern Repräsentanten des Ausschlusses (aus dem Symbolischen), die, wie wir seit Lacan wissen, im Realen wiederkehren. In der Post-Politik wird der Konflikt der globalen ideologischen Entwürfe, die sich in unterschiedlichen Parteien verkörpern, die um die Macht kämpfen, durch die Kollaboration aufgeklärter Technokraten (Ökonomen, Spezialisten der öffentlichen Meinung ...) mit liberalen Multikulturalisten ersetzt; über den Prozess der Aushandlung der Interessen wird ein Kompromiss in der Gestalt eines mehr oder weniger allgemeinen Konsenses erreicht. Post-Politik betont folglich die Notwendigkeit, die alten ideologischen Trennlinien hinter sich zu lassen und sich den neuen Problemen zu stellen, bewaffnet mit dem notwendigen Expertenwissen und freier Beratschlagung, die die konkreten Bedürfnisse und Forderungen der Menschen in Betracht ziehen. Die beste Formel für dieses Paradox der Post-Politik stellt möglicherweise Tony Blairs Charakterisierung der *New Labour* als „radikaler Mitte" dar: In den alten Zeiten der „ideologisch" politischen Lager war die Bezeichnung „radikal" entweder für die extreme Linke oder für die extreme Rechte reserviert. Das Zentrum war definitionsgemäß gemäßigt. Gemessen an den alten Standards ist der Begriff „radikale Mitte" ein ebensolcher Unsinn, wie „radikale Mäßigung". Was *New Labour* (oder Clintons Politik in den Vereinigten Staaten) „radikal" macht, ist die radikale Beilegung der „alten ideologischen Grabenkämpfe", was üblicherweise in Gestalt einer Paraphrase von Dengs Motto aus den 60er Jahren formuliert wird – „Es spielt keine Rolle ob eine Katze rot oder weiß ist, was zählt ist, dass sie Mäuse fängt." In der gleichen Stimmung beliebt es den Verteidigern der *New Labour* zu betonen, dass man ohne jedes Vorurteil gute Ideen unabhängig von ihrer (ideologischen) Herkunft übernehmen und anwenden sollte. Und welche sind diese „guten Ideen"? Die Antwort lautet selbstverständlich: *Ideen, die funktionieren.* Genau hier stoßen wir auf die Lücke, die den eigentlichen politischen Akt von der „Verwaltung gesellschaftlicher Bedürfnisse" trennt und die innerhalb des Rahmens der existierenden gesellschaftspolitischen Verhältnisse bleibt: Der eigentliche politische Akt (die Intervention) ist nicht einfach etwas, das innerhalb des Rahmens der existierenden Verhältnisse gut funktioniert, sondern etwas, das genau diesen Rahmen verändert, der bestimmt, wie die Dinge zusammenspielen. Zu sagen, dass gute Ideen solche seien, „die funktionieren", heißt, dass man im voraus die (global kapitalistische) Konstellation akzeptiert, die festlegt, was überhaupt funktionieren kann (wenn zum Beispiel jemand zuviel Geld für Bildung oder Gesundheitsvorsorge ausgibt, dann „funktioniert das nicht", da es zu sehr mit den Bedingungen der kapitalistischen Profitabilität in Konflikt gerät). Man kann das alles auch gut mit der wohlbekannten Definition der Politik als der „Kunst des Möglichen" ausdrücken: Echte Politik ist das genaue Gegenteil davon, das heißt die Kunst des *Unmöglichen* – sie verändert gerade die Parameter dessen, was als in der existierenden Konstellation „möglich" betrachtet wird. In diesem Sinne war sogar Nixons Besuch in China und die darauffolgende Aufnahme diplomatischer Beziehungen zwischen den Vereinigten Staaten von Amerika und China eine Art politischer Akt, insoweit er tatsächlich die Parameter dessen veränderte, was man sich auf der Ebene der internationalen Beziehungen als „möglich" (oder „realisierbar") vorstellte; ja – man konnte das Undenkbare tun und ganz normal mit dem Erzfeind Gespräche führen.

Eine beliebte Weisheit unserer Tage besagt, dass wir im Begriff stünden, in eine neue mittelalterliche Gesellschaft in Gestalt der *New World Order* einzutreten – das Körnchen Wahrheit, das in diesem Vergleich liegt, ist, dass die *New World Order*, wie das Mittelalter, zwar global, aber nicht universal ist, da sie nach einer neuen globalen *Ordnung* strebt, bei der sich jeder Teil an seinem angewiesenen Platz befindet. Ein typischer Befürworter des heutigen Liberalismus vermengt Arbeiterproteste gegen die Beschneidung ihrer Rechte und politisch rechts stehendes Beharren auf der Treue zum westlichen Kulturerbe; er fasst beide als mitleiderregende Reste aus einem „ideologischen Zeitalter" auf, die im derzeitigen postideologischen Universum bedeutungslos geworden sind. Die beiden Widerstände gegen die Globalisierung folgen aber völlig inkompatiblen Logiken: Die Rechte beharrt auf einer *partikularen* gemeinschaftlichen Identität (oder *habitat*), die vom Angriff der Globalisierung bedroht wird, wohingegen für die Linken die Dimension der Politisierung bedroht ist, die Artikulation „unmöglicher" *universaler* Forderungen („unmöglich" aus dem existierenden Raum einer Weltordnung heraus). An dieser Stelle sollte man die *Universalisierung* der *Globalisierung* gegenüberstellen: Globalisierung (nicht allein mit ihrer Ausformung eines globalen Kapitalismus, also der Etablierung eines globalen Weltmarktes, sondern auch in ihrer diskursiven Ausformung einer „Humanität" als dem globalen Referenzpunkt der Menschenrechte, wobei die Verletzung staatlicher Souveränität durch Polizeiaktionen – angefangen von Handelsbeschränkungen bis hin zu unmittelbaren militärischen Eingriffen in allen Teilen der Welt – dann dort legitimiert wird, wo die global postulierten Menschenrechte verletzt werden), bezeichnet die heraufdämmernde postpolitische Logik, die schrittweise die Dimension der Universalität verdrängt, in der Politisierung erst auftaucht. Das Paradox dabei besteht darin, dass es kein eigentlich *Universales* ohne den Prozess des politischen Rechtsstreits, des „Teils ohne An-Teil", einer aus den Fugen geratenen Einheit gibt, die sich selbst als Platzhalter des Universalen präsentiert/manifestiert.

... und ihre Gewalt

Man sollte diesen Begriff der Post-Politik, wie ihn Rancière entwickelt, mit der Vorstellung einer exzessiven, nicht-funktionalen Grausamkeit als dem Merkmal des gegenwärtigen Lebens verbinden, wie dieses von Balibar vorgeschlagen wird;[1] eine Grausamkeit, deren Figuren von den „fundamentalistisch" rassistischen und/oder religiösen Abschlachtungen bis hin zu „sinnlosen" Gewaltausbrüchen reicht, wie sie von den Jugendlichen und Obdachlosen in unseren Megalopolen aufgeführt werden, eine Gewalt, die man fast *Es-Böses* zu nennen geneigt ist, eine Gewalt, die keine utilitaristischen oder ideologischen Gründe hat. All das Gerede über Ausländer, die uns unsere Arbeitsplätze wegnehmen oder über die Bedrohung, die sie für unser westliches Wertesystem darstellen, sollte uns nicht täuschen: Bei näherer Betrachtung wird schnell klar, dass es eher eine Art überflüssige sekundäre Rationalisierung darstellt. Die Antwort, die wir schließlich und endlich immer von einem Skinhead bekommen werden, lautet, dass er sich eben gut fühle, wenn er Ausländer verprügelt, dass deren bloße Anwesenheit ihn störe ... Dabei stoßen wir auf das *Es*-Böse, das heißt auf dasjenige Böse, das von der grundlegenden Unausgeglichenheit zwischen dem Ego und dem Genießen herrührt, von der Spannung zwischen der Lust und dem Fremdkörper des Genießens direkt in ihrem Zentrum. Das *Es*-Böse stellt somit den elementarsten „Kurzschluss" im Verhältnis des Subjekts zur ursprünglich fehlenden Objektursache seines Begehrens dar: was uns im/am „anderen" [other] „stört" [bothers] (dem Juden, dem Japaner, dem Afrikaner, dem Türken ...), ist, dass es so scheint, als unterhielte er eine privilegierte Beziehung zum Objekt – als besäße der andere den Objekt-Schatz, hätte ihn uns abgeluchst (weshalb wir ihn nicht besitzen) – oder als stelle er eine Bedrohung für unseren Besitz des Objekts dar.[2] – Was man in diesem Zusammenhang vorschlagen sollte ist, neuerlich das Hegel'sche „unendliche Urteil" einzuführen, das hier darin bestünde, die spekulative Identität dieser „nutzlosen" und „exzessiven" Ausbrüche der Gewalt, die nichts anderes zum Vorschein bringen als den reinen und nackten („unsublimierten") Hass auf die Andersheit, mit eben diesem postpolitischen multikulturalistischen Universum der Toleranz für alle Unterschiede, aus dem niemand ausgeschlossen ist, zu behaupten. Natürlich haben wir gerade das Wort „unsublimiert" gebraucht, was in diesem Fall aber für das genaue Gegenteil seiner strikt psychoanalytischen Bedeutung steht. Was passiert, wenn wir unseren Hass auf irgendeinen Repräsentanten des (offiziell tolerierten) Anderen richten, ist, kurz gesagt, nichts anderes als der Mechanismus der *Sublimation* im Reinzustand. Die allumfassende Natur der postpolitischen konkreten Universalität, die für jeden auf der Ebene des symbolischen Einschlusses gilt, diese multikulturalistische Vision und Praxis einer „Einheit im Unterschied" (alle sind gleich, alle sind verschieden) lässt, als einzige Art und Weise einen Unterschied zu markieren, die protosublimatorische Geste der Erhöhung des kontingenten anderen (sei es in puncto Rasse, Geschlecht, Religion ...) in die „absolute Andersheit" eines unmöglichen Dings in der Gestalt äußerster Bedrohung unserer Identität zu – ein Ding, das vernichtet werden muss, wenn wir überleben wollen. Darin liegt das eigentliche Hegel'sche Paradox: das finale Eintreten der wahrhaft rationalen „konkreten Allgemeinheit" – die Abschaffung des Antagonismus, das „reife" Universum der ausgehandelten Koexistenz unterschiedlicher Gruppen – fällt hier mit seinem radikalen Gegenteil, mit den durch und durch kontingenten Ausbrüchen der Gewalt in eins.

Hegels grundlegende Regel lautet, dass der „objektive" Exzess (die direkte Herrschaft einer abstrakten Allgemeinheit, die ihr Gesetz „mechanisch", also unter völliger Nichtbeachtung der betroffenen Subjekte, die in ihrem Netz gefangen sind, verfügt) immer durch einen „subjektiven" Exzess supplementiert wird (das irreguläre, willkürliche Ausleben von Launen). Einen exemplarischen Fall dieser wechselseitigen Abhängigkeit zeigt Balibar auf, der zwischen zwei gegensätzlichen, aber komplementären Modi exzessiver Gewalt unterscheidet: zwischen der „ultraobjektiven" („strukturalen") Gewalt, die den gesellschaftlichen Bedingungen des globalen Kapitalismus innewohnt (die „automatische" Erzeugung ausgeschlossener und entbehrlicher Individuen, von den Obdach- bis zu den Arbeitslosen) und der „ultrasubjektiven" Gewalt der neuerdings auftauchenden ethnischen und/oder religiösen (kurz: rassistischen) „Fundamentalismen".[3] Zu dieser „exzessiven" und „grundlosen" Gewalt gehört eine eigene Art und Weise des Wissens, ein Wissen der impotenten zynischen Reflexion. Zurück aber zu unserem Beispiel vom *Es*-Bösen, zum Skinhead, der Ausländer verprügelt. Wenn er tatsächlich nachdrücklich nach einer Begründung für seine Gewalttaten befragt würde – und wenn er in der Lage sein sollte, eine minimale theoretische Reflexion anzustellen – wird er plötzlich wie ein Sozialarbeiter, Soziologe und Sozialpsychologe zu reden beginnen, seine beschränkten sozialen Aufstiegsmöglichkeiten anführen, die allgemeine Unsicherheit aufs Tableau bringen, den Verfall der väterlichen Autorität und den Mangel an Mutterliebe in seiner Kindheit beklagen ... kurz gesagt wird er also ein mehr oder weniger präzises psychosoziales Erklärungsbild seiner Handlungen liefern, das den aufgeklärten Liberalen so lieb und teuer ist und die immer darauf erpicht sind, die gewalttätige Jugend als tragische Opfer ihrer gesellschaftlichen und familiären Herkunft zu „verstehen". Die gängige aufgeklärte Formel einer Effizienz der „Ideologiekritik" von Plato an („Sie tun es, weil sie nicht wissen, was sie tun", was wiederum bedeutet, dass Wissen an sich befreiend sei, und wenn das irrende Subjekt nachdächte was es tut, würde es aufhören, dies weiter zu tun) wird hier verkehrt: Der gewalttätige Skinhead „weiß ganz genau, was er tut, hört aber trotzdem nicht auf damit".[4] Das symbolisch wirksame Wissen, das in der tatsächlichen gesellschaftlichen *Praxis* des Subjekts eingebettet ist, desintegriert einerseits in exzessive „irrationale" Gewalt ohne ideologisch-politische Fundierung und andererseits in eine impotente, äußerliche Reflexion, die die Handlungen des Subjekts unberührt lässt. In der Gestalt dieses zynisch-impotenten reflektierenden Skinheads, der, mit einem ironischen Grinsen, dem erstaunten Journalisten die Wurzeln seines unsinnigen gewalttätigen Verhaltens darlegt, erhält der aufgeklärte und tolerante Multikulturalist, der „verstehen" will, seine eigene Botschaft in ihrer verkehrten, aber wahren Form retour. Lacan hätte gesagt, dass an diesem Punkt die Kommunikation zwischen ihm und dem „Objekt" seiner Untersuchung, dem intoleranten Skinhead, zur Gänze erfolgreich war.

Entscheidend ist hier die Unterscheidung zwischen einer exzessiven „dysfunktionalen" Gewalt und der obszönen Gewalt, die als impliziter Träger einer ideologischen allgemeinen Standardvorstellung dient (wenn die „Menschenrechte" nicht wirklich universal sind, sondern „tatsächlich das Recht der weißen Männer der Mehrheit", so wird jede Bemühung, dieses implizit zugrundeliegende Set von ungeschriebenen Gesetzen zu ignorieren, das in der Tat die Universalität der Rechte aufrechterhält, von Gewaltausbrüchen begleitet). Nirgendwo ist der Kontrast größer als im Fall der Afroamerikaner; auch wenn sie formal durch die bloße Tatsache, amerikanische Staatsbürger zu sein, dazu berechtigt waren, am politischen Leben teilzunehmen, so verhinderte doch der alte parapolitische demokratische Rassismus ihre tatsächliche Teilnahme, indem er stillschweigend weiter ihren Ausschluss betrieb (durch verbale und physische Bedrohungen und so weiter). Die angemessene Antwort gegenüber diesem üblichen Ausschluss-aus-dem-Universalen war die große Bürgerrechtsbewegung, mit der

der Name Martin Luther King eng verknüpft ist. Sie setzte das implizite obszöne Supplement außer Kraft, das den tatsächlichen Ausschluss der Schwarzen aus der formalen allgemeinen Gleichheit darstellte – und natürlich war es für die große Mehrheit des weißen Oberschicht-Establishments ein Leichtes, eine solche Geste zu unterstützen, da sie alle ihre Gegner als verblödete *Rednecks* aus der Unterklasse des Südens abtaten. Heute hat sich jedoch das eigentliche Terrain dieses Kampfes verändert. Das postpolitische liberale Establishment erkennt die Lücke zwischen der bloß formalen Gleichheit und ihrer Aktualisierung/Implementierung nicht nur vollständig an, es erkennt auch die ausschließende Logik der „falschen" ideologischen Allgemeinheit an; es bekämpft sie sogar, indem sie ein ausgedehntes rechtlich-psychologisch-soziologisches Netzwerk von Maßstäben aufzieht, angefangen bei der Identifizierung der spezifischen Probleme einer jeden Gruppe oder Untergruppe (es geht nicht allein um Homosexuelle, sondern um afroamerikanische Lesben, afroamerikanische lesbische Mütter, afroamerikanische arbeitslose lesbische Mütter ...) bis hin zu einer Aufstellung eines ganzen Maßnahmenkatalogs („unterstützende Aktivitäten" und so fort), um das Unrecht wieder gutzumachen. Was ein solches tolerantes Vorgehen ausschließt, ist die eigentliche Geste der *Politisierung*: Obwohl die Schwierigkeiten, die sich daraus ergeben, eine afroamerikanische arbeitslose lesbische Mutter zu sein, bis in die kleinsten Details adäquat katalogisiert werden, „spürt" die Betroffene nichtsdestoweniger, dass gerade an dieser Bemühung, ihrer spezifischen Zwangslage Gerechtigkeit widerfahren zu lassen, etwas „faul" und für sie „frustrierend“ ist – dadurch wird ihr nämlich die Möglichkeit genommen, dasjenige, was bei ihr „falsch“ läuft „metaphorisch“ zu erhöhen und dadurch zu einem Platzhalter für das zu machen, was allgemein als „Falsches“ Geltung besäße. Die einzige Art und Weise, diese Allgemeinheit zu artikulieren – die Tatsache, dass ich gerade *nicht* bloß das spezifische Individuum bin, das einer Anzahl von spezifischen Ungerechtigkeiten ausgesetzt ist – besteht dann im scheinbaren Gegenteil, im gänzlich „irrationalen“ Ausbruch von Gewalt. Die alte Hegel'sche Regel wird hier ein weiteres Mal bestätigt – der einzige Weg für ein Allgemeines, um sich als solches zu verwirklichen, sich „als solches“ zu „setzen“, besteht in der Figur des genauen Gegenteils, als etwas, das nicht anders erscheinen kann, denn als eine exzessive „irrationale“ Laune. Diese gewalttätigen *passages à l'acte* bezeugen einen zugrundeliegenden *Antagonismus*, der nicht länger in regelkonformen politischen Begriffen formuliert/symbolisiert werden kann. Die einzige Möglichkeit, diesen exzessiven „irrationalen“ Ausbruchen gegenzusteuern besteht in der Infragestellung dessen, was in genau der allumfassenden/toleranten postpolitischen Logik weiterhin unterschlagen bleibt, und eben diese unterschlagene Dimension als neuen Modus der politischen Subjektivierung zu verwirklichen.

Erinnern wir uns an das gängige Beispiel eines öffentlichen Protestes (Massendemonstrationen, Streiks, Boykotte), der ein spezielles Anliegen hatte („Weg mit der neuen Steuer!“ „Gerechtigkeit für die Inhaftierten!“ „Stoppt den Raubbau an der Natur!“ ...) – die Situation wird politisiert, wenn die partikulare Forderung als eine metaphorische Kondensation der globalen

Opposition gegen *Die da oben*, gegen die, die an der Macht sind, zu funktionieren beginnt, so dass sich der Protest nicht ausschließlich auf diese oder jene Sachfrage bezieht, sondern auf die universale Dimension, die im partikularen Anliegen mitschwingt (aus diesem Grund fühlen sich Demonstranten oft betrogen, wenn diejenigen, die an der Macht sind und gegen die sich ihr Protest gerichtet hat, einfach ihre Forderungen akzeptieren – so, als ob sie sie auf diesem Wege irgendwie enttäuscht hätten und sie diese vom wahren Ziel ihres Protestes gerade dadurch abgebracht hätten, indem sie ihre Forderungen akzeptierten). Was die Post-Politik zu verhindern sucht, ist genau diese metaphorische Universalisierung partikularer Forderungen. Post-Politik mobilisiert den ganzen Apparat von Experten, Sozialarbeitern und so weiter, um diese Gesamtforderung (dieses Anliegen) einer partikularen Gruppe genau auf ebendiese Forderung mit ihrem bloß partikularen Inhalt zu reduzieren – kein Wunder, dass eine solche alles erstickende Schließung „irrationale" Gewaltausbrüche hervorruft, weil darin die einzige Form gesehen wird, der Dimension jenseits des Partikularen einen Ausdruck zu verleihen.

Gibt es einen progressiven Eurozentrismus?

Dieser konzeptuelle Rahmen ermöglicht es nun, uns dem osteuropäischen Sozialismus auf neue Weise anzunähern. Der Übergang vom real existierenden Sozialismus zum real existierenden Kapitalismus erbrachte eine ganze Reihe komischer Verkehrungen des erhabenen demokratischen Enthusiasmus ins Lächerliche. Die würdevollen ostdeutschen Menschenmengen, die sich um protestantische Kirchen geschart hatten, um dem Stasi-Terror die Stirn zu bieten, verwandelten sich auf einmal in vulgäre Konsumenten von Bananen und billiger Pornographie; die vornehmen Tschechen, die durch die Erscheinung Vaclav Havels und anderer kultureller Ikonen mobilisiert wurden, verwandelten sich in kleine Gauner, die Westtouristen betrügen ... Die Enttäuschung beruhte auf Gegenseitigkeit. Hatte der Westen anfänglich die Dissidentenbewegung des Ostens als die Neuerfindung seiner eigenen verschlafenen Demokratie verherrlicht, so wendete er sich nun enttäuscht von den entstandenen postsozialistischen Regimen ab, die er als eine Melange aus der korrupten, ehemals kommunistischen Oligarchie und/oder ethnischen und religiösen Fundamentalisten betrachtete (und auch den zusammengeschrumpften Liberalen wurde misstraut: sie seien nicht genügend „politisch korrekt", wo bleibe ihr „feministisches Bewusstsein" und so weiter); und der Osten, der damit begonnen hatte, den Westen als das Beispiel der wohlhabenden Demokratie zu betrachten, der man zu folgen hätte, fand sich plötzlich selbst wieder im *Whirlpool* skrupelloser Kommerzialisierung und ökonomischer Kolonisierung. War das alles den Aufwand wert?

Der Held aus Dashiell Hammetts *Der Malteser Falke*, der Privatdetektiv Sam Spade, erzählt eine Geschichte, wie er angeheuert wurde, um einen Mann zu finden, der ganz plötzlich seinen ruhigen Job und seine Familie aufgegeben hatte und verschwunden war. Spade ist nicht in der Lage, ihm auf die Spur zu kommen, entdeckt ihn aber einige Jahre später zufälligerweise in einer Bar in einer anderen Stadt. Unter einem falschen Namen führt er dort ein Leben, das erstaunlicherweise dem sehr ähnlich ist, dem er entflohen war (ein fixer langweiliger Job, eine neue Frau und Kinder) – ungeachtet dieser Parallelen jedoch ist der Mann davon überzeugt, dass sein Neuanfang nicht vergeblich war und es auf alle Fälle der Mühe wert war, seine Verbindlichkeiten zu durchtrennen und ein neues Leben zu beginnen ... Vielleicht gilt dasselbe für den Übergang vom real existierenden Sozialismus zum real existierenden Kapitalismus in den exkommunistischen, osteuropäischen Ländern. Trotz der enttäuschten enthusiastischen Erwartungen *hat sich, dazwischen,* in diesem Übergang, *etwas ereignet*; und in diesem Ereignis, das dazwischen stattfand, diesem sich „entziehenden Vermittler", in diesem Augenblick der demokratischen Begeisterung, sollten wir die entscheidende Dimension lokalisieren, die durch die darauffolgende Wiedernormalisierung verschleiert wurde.

Es ist klar, dass die protestierenden Massen in der DDR, in Polen und der ČSSR „etwas anderes wollten", ein utopisches Objekt einer unmöglichen Fülle, das mit einer Vielzahl von Namen belegt wurde („Solidarität", „Menschenrechte" und anderen) und eben *nicht* das, was sie dann tatsächlich bekommen sollten. Auf diese Lücke zwischen Erwartung und Realität kann auf zwei Arten reagiert werden, und die beste Möglichkeit sie zu verdeutlichen bietet das Beispiel der wohlbekannten Opposition von *Narr* [fool] und *Schelm* [knave]. Der Narr ist ein Simpel, ein Hofnarr, dem es gestattet ist, die Wahrheit zu sagen, gerade weil die „performative Macht" (die gesellschaftspolitische Effizienz) seiner Rede ausgesetzt ist; der Schelm dagegen ist der Zyniker, der öffentlich die Wahrheit ausspricht, ein Betrüger, der versucht, seine eingestandene Schurkerei als Ehrlichkeit auszugeben, ein Halunke, der der Notwendigkeit der illegitimen Unterdrückung zur Aufrechterhaltung der gesellschaftlichen Stabilität das Wort redet. Nach dem Zusammenbruch des Kommunismus ist der Schelm neokonservativer Verteidiger des freien Marktes, der alle Formen der gesellschaftlichen Solidarität brutal als kontraproduktiven Sentimentalismus zurückweist, während der Narr ein multikulturalistischer „radikaler" Gesellschaftskritiker ist, der durch seine albernen Prozeduren dazu ausersehen ist, die bestehende Ordnung zu „subvertieren", in der Tat ihr aber zuarbeitet und dient. Wenn wir Osteuropa in Betracht ziehen, so weist der Schelm das Projekt eines „dritten Weges" als eine ausrangierte Utopie ab, wie ihn etwa das *Neue*

Forum in der ehemaligen DDR vorgeschlagen hat, und fordert uns dazu auf, die grausame Wirklichkeit des Marktes anzuerkennen, während der Narr darauf besteht, dass der Kollaps des Sozialismus tatsächlich einen dritten Weg eröffnet hätte, eine Möglichkeit, die von der westlichen Wiederkolonisierung des Ostens noch nicht ausgebeutet wurde.

Diese grausame Verdrehung des Erhabenen ins Lächerliche liegt natürlich im Umstand begründet, dass hier ein doppeltes Missverständnis in der öffentlichen (Selbst)Wahrnehmung der gesellschaftlichen Protestbewegungen in den letzten Jahren des osteuropäischen Sozialismus (von *Solidarnosc* bis hin zum *Neuen Forum*) am Werk war. Auf der einen Seite gab es die Anstrengungen der *Nomenklatura*, diese Ereignisse in ihr polizeiliches/politisches Rahmenwerk zurückzuschreiben, indem sie zwischen „ehrlichen Kritikern", mit denen man diskutieren konnte, dies aber in einer glatten, rationalen, entpolitisierten Atmosphäre tat, und einem Haufen extremistischer Provokateure, die ausländischen Interessen zu Dienste stünden, unterschied. (Diese Logik wurde in Ex-Jugoslawien zu ihrem absurden Extrem getrieben, wo sogar die Idee eines Arbeiterstreiks unvorstellbar war, regierten doch, gemäß der herrschenden Ideologie, die Arbeiter schon mit ihrer Selbstverwaltung ihre Firmen – gegen wen also hätte sie streiken können?) Der Kampf zielte daher nicht auf höhere Löhne oder bessere Allgemeinbedingungen ab, sondern richtete sich vor allem für die Arbeiter darauf, als legitime Partner in den Verhandlungen mit den Repräsentanten des Regimes anerkannt zu werden – in dem Augenblick, in dem sich die Macht dazu gezwungen sah das anzunehmen, war die Schlacht auf gewisse Weise schon gewonnen. Als diese Bewegungen sich zu breiten Massenphänomenen entwickelten, wurde ihre Forderung nach Freiheit und Demokratie (und Solidarität und ...) auch von den westlichen Kommentatoren missverstanden, wenn diese in ihnen die Bestätigung sahen, dass die Bevölkerung nun auch im Osten nach dem verlangte, was die Bevölkerung im Westen schon hatte. Sie übersetzten sich automatisch die Forderungen in eine westliche liberal-demokratische Vorstellung von Freiheit (Mehrparteiensysteme im repräsentativen politischen Spiel inklusive globale Marktökonomie). Die Figur Dan Rathers, des amerikanischen Nachrichtenreporters auf dem *Platz des himmlischen Friedens* 1989, war in diesem Zusammenhang so beispielgebend, dass es beinahe schon einer Karikatur glich, als er damals vor einer Kopie der Freiheitsstatue stand und behauptete, dass diese Statue *alles* aussage, was die Studenten forderten (kurz: kratzt du die gelbe Haut eines Chinesen ab, dann findest du natürlich einen Amerikaner darunter versteckt). Wofür diese Statue tatsächlich steht, ist eine utopische Sehnsucht, die nichts mit den tatsächlichen Vereinigten Staaten von Amerika zu tun hat (und nebenbei gesagt gilt dies auch für die ersten Einwanderer in die USA, für die der Anblick dieser Statue für eine utopische Sehnsucht stand, die dann rasch enttäuscht wurde). Die Wahrnehmung durch die amerikanischen Medien liefert folglich ein weiteres Beispiel der Wiedereinschreibung der Explosion dessen, was Etienne Balibar *Gleichfreiheit* nennt (die bedingungslose Forderung nach Gleichfreiheit, die jede positive Ordnung überbordet), in die Grenzen einer gegebenen Ordnung.

Sind wir also zu der lahmen Alternative verdammt, zwischen dem Schelm und dem Narren wählen zu müssen oder gibt es doch ein *tertium datur*? Vielleicht können die Konturen dieses *tertium datur* mittels Bezugnahme auf das grundlegende „Vermächtnis Europa" ausgemacht werden. Wenn man sagt „Vermächtnis Europa", so löst das bei jedem selbstbewussten Linken eine Reaktion aus, wie wir sie von Joseph Goebbels kennen – er greift nach seiner Pistole und beginnt Beschuldigungen gegen den protofaschistischen eurozentristischen Kulturimperialismus abzufeuern ... Ist es aber möglich, sich eine linke Aneignung der europäischen politischen Tradition vorzustellen? Ja, wenn wir nämlich Rancière folgen und als Kern dieser Tradition die einzigartige Geste der demokratischen politischen Subjektivierung annehmen; und genau diese Politisierung war es, die gewaltsam in der Auflösung des osteuropäischen Sozialismus wiederauftauchte. Aus meiner eigenen politischen Vergangenheit kann ich mich daran erinnern, dass ich mich, nachdem vier Journalisten verhaftet wurden und ihnen von der jugoslawischen Armee in Slowenien der Prozess gemacht wurde, einem „Komitee zum Schutz der Menschenrechte der vier Angeklagten" anschloss. Offiziell bestand das Anliegen dieses Komitees darin, eine faire Behandlung der vier Angeklagten zu garantieren; das Komitee wandelte sich jedoch zur wichtigsten oppositionellen politischen Macht im Lande, es wurde praktisch so etwas wie das tschechische *Bürgerforum* oder das ostdeutsche *Neue Forum*, zu einem Gremium, das die demokratische Opposition koordinierte, also zu einem *de facto* Repräsentanten der Zivilgesellschaft. Das Programm des Komitees setzte sich aus vier Programmpunkten zusammen; die ersten drei bezogen sich direkt auf die betroffenen Angeklagten, während der „Teufel im Detail steckte“, und der vierte Punkt darin bestand, dass das Komitee den gesamten Hintergrund der Inhaftierung der vier Angeklagten aufklären und daher dazu beitragen wollte, ein Umfeld zu erzeugen, in dem solche Inhaftierungen nicht länger möglich wären – eine kodierte Form also um zu sagen, dass wir die Ablösung des bestehenden sozialistischen Regimes wollten. Unsere Forderung „Gerechtigkeit für die vier Angeklagten!“ begann also als die metaphorische Verdichtung der Forderung nach einer Überwindung des sozialistischen Regimes zu funktionieren. Aus diesem Grund beschuldigten uns die kommunistischen Parteioffiziellen bei den beinahe täglich stattfindenden Verhandlungen, dass es uns um einen „Geheimplan“ ginge, und sie behaupteten, dass die Freilassung der vier Angeklagten nicht unser wahres Ziel sei, das heißt, dass wir „die Inhaftierung und den Prozess für andere dunklere politische Ziele ausbeuten und manipulieren würden“. Kurz: die Kommunisten wollten das „rationale“ entpolitisierte Spiel spielen. Sie wollten den Slogan „Gerechtigkeit für die vier Angeklagten!“ seiner allgemeinen explosiven Konnotation berauben und ihn auf seine buchstäbliche Bedeutung reduzieren, in der es nur um eine kleine Rechtsangelegenheit ging; sie unterstellten auf zynische Weise, dass das Komitee sich „undemokratisch“ benahme und das Schicksal der Angeklagten manipuliere, mit globalem Druck drohe und erpresserischen Strategien folge, anstatt sich auf das partikulare Problem der Notlage der Angeklagten zu konzentrieren ...

Und genau das ist *eigentliche Politik*: jener Augenblick, in dem eine partikulare Forderung nicht einfach ein Teil der Aushandlung von Interessen ist, sondern auf etwas darüber Hinausreichendes abzielt und als die metaphorische Verdichtung der globalen Restrukturierung des ganzen gesellschaftlichen Raumes zu funktionieren beginnt. Der Kontrast zwischen dieser Subjektivierung und dem heutigen Wuchern postmoderner „Identitätspolitik", deren Ziel das genaue Gegenteil ist, das heißt also gerade in der Behauptung einer partikularen Identität, des rechten Platzes eines jeden in der gesellschaftlichen Struktur, besteht, ist klar. Die postmoderne Identitätspolitik der partikularen (ethnischen, sexuellen und anderer) *Life-Styles* passt perfekt zu einer entpolitisierten Idee der Gesellschaft, in der jede partikulare Gruppe „etwas gilt", ihren spezifischen (Opfer)Status hat, der durch Hilfsaktionen oder andere Maßnahmen, die dazu bestimmt sind, die soziale Gerechtigkeit zu garantieren, anerkannt wird. Die Tatsache, dass diese Art von Gerechtigkeit, die man den zu Opfern gemachten Minderheiten angedeihen lässt, einen komplizierten Polizeiapparat benötigt (um die in Frage stehenden Gruppen identifizieren zu können, um die Übeltäter zur Verantwortung zu ziehen – wie kann man sexuelle Belästigung oder rassische Ungerechtigkeit rechtlich definieren?, und so weiter – um eine bevorzugte Behandlung zu erwirken, die die Ungerechtigkeit austarieren soll, an der diese Gruppe leidet) – ist in höchstem Maße bezeichnend. Was gewöhnlich als „postmoderne Politik" gefeiert wird (die Betreibung partikularer Anliegen, deren Lösung innerhalb der „rationalen" globalen Ordnung verhandelt werden muss, die jedem besonderen Teil seinen ihm zukommenden Platz anweist), ist folglich tatsächlich nichts anderes, als das Ende der eigentlichen Politik.

Während also alle darin übereinzustimmen scheinen, dass das postpolitisch liberal-demokratische global kapitalistische Regime das Regime des Nicht-Ereignisses ist (nach Nietzsche also eines der *letzten Menschen*), bleibt doch die Frage offen, wo wir nach einem solchen Ereignis zu suchen hätten. Die offensichtliche Lösung lautet: Insofern wir das derzeitige postmoderne gesellschaftliche Leben als „nicht-substantiell" erfahren, läuft die richtige Antwort auf eine Vielzahl von leidenschaftlichen, oftmals gewalttätigen Rückbesinnungen zu den „Wurzeln" hinaus, auf unterschiedliche Formen der ethnischen und/oder religiösen „Substanz". Was aber heißt „Substanz" in der gesellschaftlichen Erfahrung? Sie ist der gewaltige emotionale Augenblick der „Wiedererkennung", wenn jemand sich seiner „Wurzeln", seiner „wahren Herkunft" bewusst wird, der Augenblick, der einem deutlich vor Augen führt, dass die liberale reflexive Distanz völlig impotent ist – ganz plötzlich, in der Welt herumgetrieben, findet man sich im Griff einer Sehnsucht nach einem „Zuhause", und alles andere, die alltäglichen Sorgen, wird unbedeutend ...

An dieser Stelle ist dem Ansatz Alain Badious völlig zuzustimmen, dass die „Rückkehr zur Substanz" angesichts des globalen Marsches des Kapitalismus ihrerseits gänzlich kraftlos bleibt. Sie ist sein inhärentes Supplement, die Grenze/Bedingung seines Funktionierens, da, wie Deleuze schon vor Jahren betonte, die kapitalistische „Deterritorialisierung" immer vom Wieder-Auftreten der „Reterritorialisierung" begleitet wird. Präziser ausgedrückt gibt es im Feld der partikularen Identitäten selbst einen inhärenten Bruch, der durch die Entfesselung der kapitalistischen Globalisierung verursacht wurde. Auf der einen Seite impliziert der sogenannte „Fundamentalismus", dessen basale Formel die der Identität der eigenen Gruppe ist, den Ausschluss des bedrohlichen Anderen: Frankreich den Franzosen (wider die algerischen Einwanderer), Amerika den Amerikanern (gegen die Invasion der *Hispanics*), Slowenien den Slowenen (gegen die überhandnehmende Anwesenheit derer „aus dem Süden", den Emigranten aus den exjugoslawischen Republiken) ... Abraham Lincolns Kommentar zum Spiritismus („Wer derlei mag, für den ist es wohl genau das Richtige") zeigt den tautologischen Charakter dieses nationalistischen Selbsteinschlusses perfekt auf und funktioniert aus diesem Grund vielleicht noch besser, wenn man ihn dazu benutzt, um Nationalisten zu charakterisieren, wohingegen er aber *nicht* funktioniert, wendete man ihn auf authentische und radikale Demokraten an: Man kann über das authentische demokratische Engagement *nicht* sagen, dass es für diejenigen Leute, die derlei mögen, „wohl genau das Richtige sei". Auf der anderen Seite steht die postmoderne multikulturalistische „Identitätspolitik", die auf die tolerante Koexistenz von ewig sich wandelnden „hybriden" *Life-Style*-Gruppen setzt, die in endlose Untergruppen aufgespaltet werden (hispanische Frauen in den USA, schwarze Schwule, weiße männliche AIDS-Patienten, lesbische Mütter ...). Dieses immer weitere Aufblühen von Gruppen und Untergruppen mit ihren hybriden und flüssigen, wechselnden Identitäten, eine jede auf ihrem Recht, ihr spezifisches Leben führen zu dürfen und/oder ihre spezifische Kultur auszuleben beharrend – eine solche unablässige Diversifikation ist nur möglich und denkbar vor dem Hintergrund der kapitalistischen Globalisierung. Auf diese Weise affiziert die kapitalistische Globalisierung unser Gefühl für ethnische und andere Formen der Gemeinschaftszugehörigkeit. Die einzige Verbindlichkeit zwischen diesen multiplen Gruppen ist die Verbindlichkeit des Kapitals selbst, immer bereit, die spezifischen Forderungen jeder Gruppe und Untergruppe zu befriedigen (schwuler Tourismus, *Hispano-Music* ...). Darüber hinaus ist die Opposition zwischen Fundamentalismus und postmoderner pluralistischer Identitätspolitik nichts anderes als ein Schwindel und verheimlicht bloß ihre tiefer liegende Solidarität (oder, um es mit Hegel zu sagen, ihre spekulative Identität): Der Multikulturalist kann ohne Schwierigkeiten selbst die „fundamentalistischste" ethnische Identität attraktiv finden, insoweit sie nämlich die Identität des angeblich authentischen anderen ist (zum Beispiel in den USA die tribale Identität der Ureinwohner); und eine fundamentalistische Gruppe kann in ihrem gesellschaftlichen Funktionieren ohne Schwierigkeiten die postmodernen Strategien der Identitätspolitik übernehmen, sich selbst als bedrohte Minderheit darstellen, die einfach nur darum kämpft, ihre besondere Lebensart und ihre kulturelle Identität zu erhalten. Die Trennlinie zwischen multikulturalistischer Identitätspolitik und dem Fundamentalismus ist folglich bloß formal; oft beruht sie einzig und allein auf der andersgearteten Perspektive, von der aus ein Beobachter eine Bewegung betrachtet, die sich für die Aufrechterhaltung ihrer Gruppenidentität einsetzt.

Unter diesen Bedingungen kann das Ereignis in Gestalt der „Rückkehr zu den Wurzeln" nur den Anschein einer solchen haben, der perfekt in die zirkuläre kapitalistische Bewegung passt, oder er führt – im schlimmsten Fall – zu einer Katastrophe wie dem Nazismus. Unsere heutige ideologisch-politische Lage steht unter dem Vorzeichen, dass alle diese Arten von Pseudo-Ereignissen die einzigen Erscheinungen von Ereignissen sind (nur der rechtsgerichtete Populismus zeigt heute die authentische *politische* Leidenschaft, den *Kampf* aufzunehmen, offen zuzugeben, dass man, gerade insoweit man vorgibt, von einem universalen Standpunkt aus zu sprechen, nicht darauf abzielt, zu jedem nett zu sein, sondern bereit ist, eine *Schranke* zwischen „Uns" und „den Anderen" einzuführen). Es wurde oft festgestellt, dass anstatt solche Typen wie Buchanan in den USA, Le Pen in Frankreich oder Haider in Österreich zu hassen, sogar die Linken eine Art Erleichterung durch deren Auftauchen erkennen lassen – da sich letztlich im Reich der aseptischen postpolitischen Verwaltung öffentlicher Angelegenheiten jemand gefunden hat, der eine eigentliche politische Leidenschaft der Uneinigkeit und Konfrontation wiederbelebt hat, einen engagierten Glauben an politische Inhalte, wenn auch auf eine bedauerliche und abstoßende Weise ... Wir sind somit mehr und mehr in einen klaustrophobisch besetzten Raum eingeschlossen, innerhalb dessen wir nur zwischen dem Nicht-Ereignis des glatten Verlaufs der liberal-demokratischen kapitalistischen globalen *New World Order* und den fundamentalistischen Ereignissen (das Auftreten lokaler Protofaschismen und so weiter), die zeitweilig die ruhige Oberfläche des kapitalistischen Ozeans aufwühlen, hin und her schwanken können – deshalb verwundert es nicht, dass Heidegger das Pseudoereignis der Revolution der Nazis als das Ereignis selbst missverstand.

Die drei Universalien

Diese Sackgassen, in die man gerät, machen deutlich, wie die Struktur des Universalen komplexer ist, als sie scheinen mag. Balibar hat die drei Ebenen der Universalität herausgearbeitet, die ein wenig der lacanschen Triade vom Realen, Imaginären und Symbolischen folgen. Die „reale“ Universalität der Globalisierung mit dem supplementären Prozess der „internen Ausschlüsse“ (das Ausmaß, in dem das Schicksal eines jeden einzelnen von uns heute vom komplizierten Netz der globalen Marktverhältnisse abhängt); die Universalität der Fiktion, die die ideologische Hegemonie reguliert (Kirche oder Staat als die universalen „imaginierten Gemeinschaften“, die es dem Subjekt erlauben, eine Distanz zum distanzlosen Versinken in seine unmittelbare gesellschaftliche Gruppe – die Klasse, die Profession, das Geschlecht, die Religion ... – einzunehmen und sich selbst als ein freies Subjekt zu positionieren); die Universalität eines Ideals, wie sich dies beispielgebend an der revolutionären Forderung nach *Gleichfreiheit* zeigt, die ein vorbehaltloser Exzess innerhalb der bestehenden Ordnung bleibt, einen permanenten Aufstand gegen diese bestehende Ordnung darstellt und daher nie

„bezähmt" werden kann.[1] Der entscheidende Punkt ist dabei selbstverständlich, dass die Grenze zwischen diesen drei Universalien niemals stabil und fixiert ist. Die Vorstellung von Freiheit und Gleichheit kann als hegemoniale Idee dienen, die es ermöglicht, uns mit einer unserer partikularen gesellschaftlichen Rollen zu identifizieren (ich bin ein armer Handwerker, aber gerade als solcher partizipiere ich am Leben meiner Nation/meines Staates als gleichgestellter und freier Bürger ...), sie kann aber auch als ein irreduzibles Überborden auftreten, das die fixierte gesellschaftliche Ordnung destabilisiert. Im jakobinischen Universum war das die destabilisierende Universalität des Ideals, die den unablässigen Prozess der gesellschaftlichen Veränderung in Gang setzte und später zur ideologischen Fiktion wurde, die es jedem einzelnen Individuum erlaubte, sich mit seinem spezifischen Platz im gesellschaftlichen Raum zu identifizieren. Die Alternative lautete hier: Ist das Universale „abstrakt" (potenziell dem konkreten Inhalt entgegengesetzt) oder „konkret" (und zwar in dem Sinne, dass ich meine gänzlich partikulare Weise des gesellschaftlichen Lebens als die spezifische Weise meiner Teilhabe an der universalen Gesellschaftsordnung erfahre)? Balibars Ansatz beruht natürlich darauf, dass die Spannung zwischen diesen beiden Polen nicht reduzierbar ist. Der Exzess der abstrakt-negativ-idealen Universalität, ihre verstörende und destabilisierende Kraft, kann niemals vollständig in das harmonische Ganze einer „konkreten Universalität" integriert werden. Jedoch gibt es hierbei noch eine andere Spannung, und zwar die Spannung zwischen den beiden Modi der „konkreten Universalität" selbst, die heute von weitreichenderer Bedeutung zu sein scheint. Das heißt, die „reale“ Universalität der heutigen Globalisierung durch den Markt beinhaltet ihre eigene hegemoniale Fiktion (oder sogar Ideal) der multikulturalistischen Toleranz, Respektierung und Einhaltung der Menschenrechte und der Demokratie et cetera; sie beinhaltet ihre eigene pseudohegelsche „konkrete Allgemeinheit“ einer Weltordnung, deren universale Merkmale des Marktes, der Menschenrechte und der Demokratie es jedem spezifischen *Life-Style* gestatten, in seiner Partikularität zu gedeihen. Daher entsteht unvermeidlicherweise eine Spannung zwischen dieser postmodernen, nachnationalstaatlichen „konkreten Allgemeinheit“ und der früheren „konkreten Universalität“ des Nationalstaates.

Die Geschichte des Entstehens des Nationalstaates ist die Geschichte einer (oftmals extrem gewaltsamen) „Transsubstantiation“ lokaler Gemeinschaften und ihren Traditionen in moderne Nationen als „imaginierte Gemeinschaften“; dieser Prozess beinhaltet eben eine oftmals gewaltsame Unterdrückung authentischer lokaler Lebensformen und/oder ihre Wiedereinschreibung in die neue umfassende „erfundene Tradition“. Mit anderen Worten ist die „nationale Tradition“ ein Schirm, der *nicht* den Prozess der Modernisierung verdeckt, sondern die *wahre ethnische Tradition in ihrer unerträglichen Faktizität.* Als zu Beginn unseres Jahrhunderts Béla Bartok Hunderte von ungarischen Volksliedern transkribierte, provozierte er damit die lang anhaltende Animosität der Parteigänger der romantisch-nationalen Erneuerung gerade dadurch, dass er auf buchstäbliche Weise ihr Programm der Wiederbelebung der authentischen ethnischen Wurzeln ausführte ... In Slowenien zeichnen die katholische Kirche und die Nationalisten ein idyllisches Bild einer Landschaft aus dem 19. Jahrhundert – es verwundert deshalb auch nicht, dass ein paar Jahre später die ethnologischen Notizbücher eines slowenischen Schriftstellers aus dieser Zeit (Janez Trdina) publiziert, aber großteils ignoriert wurden. Sie liefern ein Bild des Alltagslebens aus dieser Zeit, das voll von Kindesmissbrauch und Vergewaltigungen ist, voll von Alkoholismus, brutaler Gewalt und so weiter ... Was darauf folgt, ist das (scheinbare) Gegenteil des „postmodernen" Prozesses der Rückkehr zu lokalen, subnationalen Identifikationsweisen. All diese neuen Arten der Identifikation werden aber nicht länger als unmittelbare substantielle empfunden – sie sind schon eine Angelegenheit der freien Wahl des eigenen *Life-Style*. Nichtsdestoweniger genügt es aber nicht, die vorangegangene authentische ethnische Identifikation der postmodernen willkürlichen Wahl von *Life-Styles* gegenüberzustellen: Eine solche Gegenüberstellung übersieht nämlich das Ausmaß, in dem auch die vorangegangene „authentische" nationale Identifikation ein „künstliches", gewaltsam aufoktroyiertes Phänomen war, das auf der Unterdrückung wiederum älterer lokaler Traditionen beruhte.

Weit davon entfernt eine „natürliche" Einheit des gesellschaftlichen Lebens, ein ausgewogener Rahmen, eine Art Aristotelische *entelechia*, auf die sich alle früheren Entwicklungen bezogen, zu sein, ist die allgemeine Form des Nationalstaates eine eher prekäre, zeitweilige Balance zwischen dem Verhältnis zu einem partikularen ethnischen Ding und der (potenziell) universalen Funktion des Marktes. Einerseits hebt der Nationalstaat die organische lokale Form der

Identifikation in eine universale „patriotische“ Identifikation auf; andererseits positioniert er sich selbst als eine Art pseudonatürliche Grenze der Marktökonomie, die den Innen- vom Außenhandel abgrenzt – ökonomische Aktivität wird folglich „sublimiert“, auf das Niveau eines ethnischen Dings erhoben und als patriotischer Beitrag für das Ansehen der Nation legitimiert. Diese Balance wird beständig von beiden Seiten her bedroht; von der Seite der vorgängigen „organischen“ Formen der partikularen Identifikation her, die nicht einfach verschwinden, sondern ihr unterirdisches Leben außerhalb der universalen öffentlichen Sphäre weiterführen, wie auch von der Seite der immanenten Logik des Kapitals her, dessen „transnationale“ Natur sich gegenüber den Grenzen des Nationalstaates als inhärent indifferent erweist. Die heutige neue „fundamentalistische“ ethnische Identifikation beinhaltet zudem eine Art „Entsublimierung“, einen Prozess der Desintegration dieser prekären Einheit einer „Nationalökonomie“ in ihre zwei, sie konstituierenden Teile – dem Verhältnis zum ethnischen Ding und der transnationalen Marktfunktion. Eines der kleinen, aber für sich selbst sprechenden Ereignisse, die dieses Dahinschwinden des Nationalstaates bezeugen, ist das sich allmähliche Ausbreiten der obszönen Institution der *Privatgefängnisse* in den USA und anderen westlichen Ländern. Die Ausübung einer Pflicht, die das Monopol des Staates sein sollte (physische Gewalt und physischer Zwang), wird zum Objekt eines Vertrags zwischen dem Staat und einer Privatfirma, die aus Profitgründen Zwang auf Individuen ausübt – womit wir es hier zu tun haben, ist schlicht und einfach das Ende des Gewaltmonopols, das (nach Max Weber) den modernen Staat definiert.

Die repressive Toleranz des Multikulturalismus

Wie verhält sich nun aber in unserer Ära des globalen Kapitalismus das Kapital zur Form des Nationalstaates? Diese Beziehung wird vielleicht am besten mit dem Begriff „Selbstkolonisierung“ beschrieben. Durch das unmittelbare multinationale Funktionieren des Kapitals haben wir es nicht länger mit der gängigen Opposition zwischen Metropole und kolonisierten Ländern zu tun; eine globale Firma hat ihre Nabelschnur zur Mutternation durchschnitten und behandelt ihr Ursprungsland ganz einfach wie jedes andere Territorium, das kolonisiert werden soll. Das ist es, was die so patriotisch orientierten rechten Populisten von Le Pen bis zu Buchanan so sehr verwirrt – die Tatsache, dass die neuen Multis dieselbe Haltung gegenüber der Lokalbevölkerung Frankreichs oder Amerikas einnehmen, wie gegenüber der Bevölkerung Mexikos, Brasiliens oder Taiwans. Liegt in dieser selbstreferentiellen Wendung des heutigen globalen Kapitalismus nicht eine poetische Gerechtigkeit, die, nach dem nationalem Kapitalismus und seiner internationalistischen/kolonialistischen Phase, als eine Art „Negation der Negation“ fungiert? Am Anfang steht (natürlich im Idealfall) der Kapitalismus innerhalb der

Beschränkungen des Nationalstaates, die auch den internationalen Handel begleiten (den Warenverkehr zwischen souveränen Nationalstaaten); darauf folgt das Verhältnis des Kolonialismus, bei dem das kolonisierende Land das zu kolonisierende Land unterwirft und (ökonomisch, politisch, kulturell) ausbeutet; der letzte Punkt in diesem Prozess ist dann das Paradox der Kolonisierung, wobei es nur noch Kolonien und keine kolonisierenden Länder mehr gibt – die kolonisierende Macht ist nicht länger ein Nationalstaat, sondern die globale Firma. Über kurz oder lang werden wir alle nicht nur Shirts von *Banana Republic* tragen, sondern auch in Bananenrepubliken leben.

Natürlich ist die ideale Ideologie für einen solchen Kapitalismus der Multikulturalismus, jene Einstellung, die von einer Art leerem globalen Standpunkt aus *jede* Lokalkultur so behandelt, wie der Kolonist seine Kolonisierten behandelt – als „Eingeborene", deren Sitten genau studiert werden müssen und die es zu „respektieren" gilt. Das heißt, dass das Verhältnis zwischen traditionellem imperialistischen Kolonialismus und globaler kapitalistischer Selbstkolonisierung exakt dasselbe Verhältnis darstellt wie das zwischen westlichem Kulturimperialismus und Multikulturalismus: So wie der globale Kapitalismus das Paradox einer Kolonisierung ohne kolonisierende nationalstaatliche Metropole umfasst, umfasst der Multikulturalismus den gönnerhaften eurozentristischen Abstand und/oder Respekt gegenüber lokalen Kulturen, die nicht aus der eigenen Partikularkultur stammen. Mit anderen Worten ist der Multikulturalismus eine verleugnete, verkehrte, selbstreferentielle Form des Rassismus, ein „Rassismus, der Abstand hält" – er

„respektiert" die Identität des anderen, begreift das Andere als eine in sich geschlossene „authentische" Gemeinschaft, zu der er, der Multikulturalist, einen Abstand einnimmt, was seine privilegierte universelle Position belegt. Multikulturalismus ist Rassismus, der seine eigene Position von jeglichem positiven Inhalt freigemacht hat (der Multikulturalist ist kein unmittelbarer Rassist, er erlegt dem Anderen nicht die *partikularen* Werte seiner eigenen Kultur auf), trotzdem bleibt aber diese Position die eines privilegierten *leeren Platzes der Universalität*, von dem aus man in der Lage ist, die anderen partikularen Kulturen zu bewerten (oder zu entwerten) – der multikulturalistische Respekt vor der Besonderheit des anderen ist nichts als die Behauptung der eigenen Überlegenheit.

Wie steht es nun mit dem eher offensichtlichen Gegenargument, dass die Neutralität des Multikulturalisten nur solange falsch ist, wie seine Position stillschweigend den eurozentristischen Inhalt privilegiert? Diese Überlegung ist richtig, aber aus falschen Gründen. Der partikulare kulturelle Hintergrund oder die kulturellen Wurzeln, die immer zur universalen multikulturalistischen Position gehören, sind nicht deren „Wahrheit", die nur hinter der Maske einer Universalität („multikulturalistischer Universalismus ist in Wahrheit Eurozentrismus ...") verborgen ist, sondern vielmehr ist das Gegenteil der Fall. Der Makel der partikularen Wurzeln ist der phantasmatische Schirm, der die Tatsache verschleiert, dass das Subjekt ja immer schon durch und durch „entwurzelt" ist, dass seine wahre Position diejenige der Leere der Universalität ist. Ich möchte hierbei an Darian Leaders Beispiel vom Mann erinnern, der mit seiner

Freundin in ein Restaurant geht und, als er den Kellner nach einem Tisch fragt, „Ein Zimmer für zwei, bitte!“, anstatt „Einen Tisch für zwei, bitte!“ sagt. Man sollte die übliche freudianische Erklärung („Natürlich dachte er schon an den Sex, den er nach dem Essen eingeplant hatte!“) umkehren: Diese Intervention einer heimlichen sexuellen Phantasie ist vielmehr der Schirm, der als Abwehr gegenüber dem oralen Trieb wirkt, der ihm tatsächlich nämlich mehr bedeutet als Sex.[1] Genau das Umgekehrte dessen, was in dieser Anekdote, die von Darian Leader zitiert wird, am Werk ist, wird exemplarisch in einem deutschen Werbespot für den riesengroßen Eislutscher *Magnum* vorgeführt. Zuerst sehen wir ein armes Pärchen aus der Arbeiterklasse, das sich leidenschaftlich umarmt; als sie sich entschließen Sex miteinander zu haben, schickt das Mädchen ihren Freund zu einer Strandbar, um ein Kondom zu kaufen, auf dass sie auch sicheren Geschlechtsverkehr hätten. Der Junge betritt die Veranda mit dem Kondomautomaten und entdeckt ganz in der Nähe einen weiteren Automaten, der Eis der Sorte Magnum ausgibt; er sieht in seinen Taschen nach und bemerkt, dass er nur ein Fünf-Mark-Stück hat, und das reicht gerade für ein Kondom oder ein Eis, aber nicht für beides. Nach einigen Augenblicken verzweifelten Zögerns sehen wir ihn leidenschaftlich sein Eis lecken, begleitet von folgendem Schriftzug auf der Leinwand: „Manchmal muss man eben Prioritäten setzen!“ Von speziellem Interesse ist dabei die phallische Konnotation des Magnumeises, der „große“ Penis: Als der Junge in der letzten Einstellung das Eis leckt, imitieren seine schnellen ruckartigen Gesten leidenschaftliche Fellatio; die Botschaft, seine Prioritäten zu setzen, kann daher auch auf unmittelbar sexuelle Weise gelesen werden: Allemal besser eine quasi-homoerotische Erfahrung mit Oralsex, als die konventionelle heterosexuelle Erfahrung ...

In seiner Analyse der Französischen Revolution von 1848 liefert Marx ein ähnliches Beispiel einer solchen doppelten Täuschung. Die „Partei der Ordnung“, die nach der Französischen Revolution die Macht übernahm, unterstützte öffentlich die Republik, während sie im Geheimen aber an die Restauration glaubte – ihre Mitglieder nutzten jede Gelegenheit, um sich über die republikanischen Rituale lustig zu machen und um auf jede erdenkliche Art und Weise zu zeigen, „auf welcher Seite sie wirklich standen“.[2] Das Paradox bestand jedoch darin, dass die Wahrheit ihrer Aktivität in der äußeren Form lag, die sie im Privaten verlachten und verächtlich machten. Diese republikanische Form war nicht bloßer äußerer Anschein, hinter dem das royalistische Begehren lauerte – eher war es ihr geheimes Festhalten am Royalismus, das es ihnen erlaubte, ihre tatsächliche historische Funktion zu erfüllen, das heißt der Bourgeoisie republikanisches Gesetz und Ordnung zu implementieren. Marx selbst betont, wie die Mitglieder dieser „Partei der Ordnung“ ein immenses Vergnügen an ihren zeitweiligen royalistischen „Versprechern“ der Republik gegenüber fanden (indem sie etwa in den Parlamentsdebatten auf Frankreich als einem Königreich rekurrierten): Diese Versprecher artikulierten ihre phantasmatischen Illusionen, die als der Schirm dienten, der es ihnen erlaubte, sich gegenüber der gesellschaftlichen Wirklichkeit, gegenüber dem, was *auf der Oberfläche* vorging, blind zu stellen.

Und *mutatis mutandis* gilt dasselbe für die heutigen Kapitalisten, die immer noch irgendeinem partikularen Kulturerbe anhängen, es als die geheime Quelle ihres Erfolges ausgeben (so etwa die japanischen Beamten, die die Teezeremonie üben oder dem Gesetz des Bushido folgen); oder im umgekehrten Fall für den westlichen Journalisten, der nach dem japanischen Erfolgsgeheimnis sucht. Es ist genau diese Referenz auf eine wie auch immer geartete partikulare Kulturformel, die den Schirm der universalen Anonymität des Kapitals darstellt. Der wahre Schrecken liegt nicht im partikularen Inhalt, der hinter der Universalität des globalen Kapitals verborgen ist, sondern weit mehr in der Tatsache, dass das Kapital in der Tat eine anonyme globale Maschine ist, die blind ihre Arbeit verrichtet, und dass es auch keinerlei besondere geheime Agenten gibt, die sie am laufen halten. Der Schrecken ist nicht der (besondere lebendige) Geist in der (toten universalen) Maschine, sondern die (tote universale) Maschine ist selbst das Herz eines jeden (besonders lebendigen) Geistes. Der Schluss, der daraus gezogen werden muss, lautet, dass das Problem des Multikulturalismus (der hybriden Koexistenz von diversen kulturellen Lebenswelten), das sich uns heute auferlegt, die Erscheinungsform des Gegenteils ist, nämlich der massiven Präsenz des Kapitalismus als *globalem* Weltsystem. Er bezeugt die beispiellose Homogenisierung der heutigen Welt. Tatsächlich ist es so, da es uns der Horizont der gesellschaftlichen Imagination nicht mehr erlaubt, die Vorstellung einer eventuellen Abdankung des Kapitalismus aufrechtzuerhalten – da, wie man auch sagen könnte, jetzt jeder stillschweigend akzeptiert hat, *that capitalism is here to stay*

–, als ob die kritische Energie in ihrem Kampf für die kulturellen Differenzen nun ein Ersatzventil gefunden hat, das die basale Homogenität des kapitalistischen Weltsystems intakt lässt. Der Preis, den man für genau diese Entpolitisierung der Politik zahlen muss, ist der, dass die Domäne der Politik selbst auf gewisse Art und Weise entpolitisiert wird. Der eigentliche politische Kampf wird in einen Kulturkampf um die Anerkennung von Marginalidentitäten und für die Toleranz gegenüber den Unterschieden umgewandelt. Es verwundert deshalb nicht, dass die Toleranz liberaler Multikulturalisten im Teufelskreis gefangen ist, zugleich *zu viel* und *zu wenig* der Besonderheit der Kultur des Anderen zuzugestehen:

– Auf der einen Seite toleriert sie den Anderen, insoweit er nicht der *reale* Andere ist, sondern der aseptische Andere vormoderner ökologischer Weisheit, der faszinierenden Riten und so fort – in dem Augenblick aber, wo man es mit dem *realen* Anderen zu tun bekommt (etwa bei Klitorisbeschneidungen, bei Frauen, die gezwungen werden, Schleier zu tragen, dem Zutodefoltern von Feinden ...), also mit der Art und Weise, in der der Andere die Spezifität seines Genießen reguliert, ist Schluss mit der Toleranz. Bezeichnenderweise ist es der selbe Multikulturalist, der sich gegen den Eurozentrismus als Regulativ wendet, der auch die Todesstrafe ablehnt und sie als einen Rest primitiver barbarischer Gebräuche der Vergeltung abzutun versucht und gerade an dieser Stelle wird sein verborgener Eurozentrismus sichtbar. (Die ganze Debatte gegen die Todesstrafe ist nichts anderes als „eurozentristisch“, indem sie die liberale Vorstellung von Menschenwürde und Strafe beinhaltet und auf einem Schema beruht, das von einer Entwicklung aus primitiven, gewalttätigen Gesellschaften zu modernen toleranten Gesellschaften ausgeht, die in der Lage waren, aus dem Prinzip von Rache und Vergeltung herauszutreten.)

– Auf der anderen Seite toleriert der multikulturalistische Liberale sogar die brutalsten Übertretungen der Menschenrechte oder ist unwillig diese zu verurteilen, weil er befürchtet, dem anderen die eigenen Werte aufzuzwingen. Ich erinnere mich an maoistische Studenten meiner Jugendtage, die die „sexuelle Revolution“ predigten und praktizierten; wenn man sie darauf hinwies, dass im China der maoistischen Kulturrevolution eine extrem „repressive“ Haltung gegenüber der Sexualität eingenommen werde, so hatten sie immer recht schnell die Antwort parat, dass Sexualität in deren Lebenswelt eine ganz andere Rolle spielen würde und wir ihnen nicht unsere Standards dessen aufzwingen sollten, was „repressiv“ sei – ihre Einstellung zur Sexualität erschiene nur insoweit als „repressiv“, wenn sie mit unseren westlichen Standards gemessen würde ... Stoßen wir nicht heute dieselbe Haltung, wenn uns die Multikulturalisten davor warnen, dem anderen nicht unsere eurozentristische Idee der allgemeinen Menschenrechte aufzuzwingen? Und wird darüber hinaus diese Art falscher „Toleranz“ nicht oftmals von den Sprechern des multinationalen Kapitals selbst erhoben, um die Tatsache zu legitimieren, dass „Geschäft eben vorgeht“?

Der entscheidende Punkt ist die Behauptung der Komplementarität dieser beiden Exzesse, der Exzesse des *zu viel* und des *nicht genug*: Ist die erste Haltung nicht in der Lage, das spezifisch kulturelle *Genießen* in Betracht zu ziehen, das selbst ein „Opfer" in einer anderen Kultur finden kann, die uns grausam und barbarisch scheint (Opfer der Klitorisbeschneidung nehmen diese oft als eine Art Wiedergewinnung der eigentlichen weiblichen Würde wahr), scheitert die zweite daran, zur Kenntnis zu nehmen, dass der Andere in sich selbst gespalten ist, das heißt, dass Mitglieder einer anderen Kultur, weit davon entfernt, einfach mit ihren Gebräuchen identifiziert werden zu können, eine Distanz zu dieser Kultur und zu diesen Gebräuchen einnehmen können und gegen sie revoltieren – in solchen Fällen kann die „westliche" Idee der universalen Menschenrechte sehr wohl als ein Katalysator dienen, der einen echten Protest gegen die Zwänge der eigenen Kultur in Gang bringt. Mit anderen Worten gibt es kein rechtes Maß zwischen „*zu viel*" und „*nicht genug*"; wenn also der Multikulturalist auf unsere Kritik mit einem verzweifelten Seufzer „Was immer ich tue, ist also falsch – entweder bin ich zu tolerant gegenüber der Ungerechtigkeit unter der der andere leidet oder ich erlege ihm meine eigenen Werte auf? Was willst du also von mir, dass ich tun soll?", so muss unsere Antwort lauten „Nichts! Solange du an den falschen Voraussetzungen kleben bleibst, sollst du tatsächlich gar nichts tun!" Was der liberale Multikulturalist nämlich nicht begreift, ist, dass jede der beiden Kulturen, die an dieser „Kommunikation" beteiligt sind, in ihrem eigenen Antagonismus gefangen ist, der diese Kulturen daran hindert, vollständig „sie selbst" geworden zu sein – und die einzige authentische Gemeinschaft ist die der „Solidarität eines gemeinsamen Kampfes", wenn ich entdecke, dass die

Sackgasse, die mich behindert, auch die Sackgasse ist, die den anderen behindert.

Heißt das nun, dass die Lösung in der Anerkennung des „hybriden“ Charakters einer jeden Identität liegt? Es fällt leicht, die Hybridität des postmodernen Migrantensubjekts zu feiern, das nicht länger von seinen spezifischen ethnischen Wurzeln abhängig ist und frei zwischen den unterschiedlichen Kulturkreisen flottiert. Unglücklicherweise werden dabei zwei gänzlich unterschiedliche gesellschaftspolitische Ebenen vermischt. Einerseits die des kosmopolitischen Akademikers aus der Oberschicht oder der gehobenen Mittelschicht, immer mit den passenden Visa ausgestattet, die es ihm erlauben, die Grenzen problemlos zu übertreten, um seinen (finanziellen, akademischen ...) Geschäften nachzugehen; andererseits die des mittellosen (im)migrierenden Arbeiters, der von seinem Zuhause durch die Mächte der (ethnischen, religiösen) Gewalt vertrieben wurde und für den die hochgejubelte „Hybridität“ eine schwer greifbare traumatische Erfahrung darstellt, nämlich eine Erfahrung niemals in der Lage zu sein, sich wahrhaft niederzulassen und seinen Status zu legalisieren, ein Subjekt also, für das so einfache Handlungen, wie eine Landesgrenze zu übertreten, um wieder bei seiner Familie zu sein, besorgniserregende Erfahrungen sind und einen übergroßen Aufwand erfordern. Für dieses zweitgenannte Subjekt bedeutet das Entwurzeltsein aus der traditionellen Lebensweise einen traumatischen Schock, der seine gesamte Existenz destabilisiert – ihm zu erzählen, er solle doch die Hybridität und den Mangel an Identität im Alltagsleben genießen und sonst auch seine Existenzweise als Migrant, der niemals mit sich selbst identisch werden kann, beinhaltet den selben Zynismus, der in der (popularisierten Form) von Deleuze/Guattaris Verherrlichung des Schizo-Subjekts am Werk ist, dessen rhizomatische pulverisierte Existenz das paranoische „protofaschistische“ Schutzschild einer festgelegten Identität zertrümmert. Was für das betroffene Subjekt eine Situation des äußersten Leidens und höchster Verzweiflung darstellt, was zum Stigma eines Ausschlusses wird, das die Unfähigkeit erfahren lässt, an den Angelegenheiten seiner Gemeinschaft teilzuhaben, wird – vom Standpunkt des nicht betroffenen, ziemlich „normalen“ und angepassten postmodernen Theoretikers aus – als die ultimative Durchsetzung der subversiven Wunsch-Maschine gefeiert ...

Für eine Außerkraftsetzung des Gesetzes von links

Der „tolerante" multikulturelle Ansatz vermeidet somit die entscheidende Frage: *Wie können wir den politischen Raum wieder in die heutigen Bedingungen der Globalisierung einführen*? Es reicht dabei natürlich nicht aus, nur die Vielzahl von partikularen Kämpfen zu politisieren, die den globalen Prozess des Kapitals aber intakt lassen. Das bedeutet, dass man die Opposition, die sich innerhalb des Rahmens der kapitalistischen liberalen Demokratie als die Hauptachse des ideologischen Kampfes aufdrängt, ablehnen sollte. Die Spannung zwischen „offener" nachideologischer universalistisch-liberaler Toleranz nämlich und dem partikularistischen „neuen Fundamentalismus". Gegen die liberale Mitte, die sich selbst neutral gibt, nachideologisch auf der Rechtsstaatlichkeit beruhend, sollte man das alte Motiv der Linken wieder aufnehmen: Die Notwendigkeit der Suspendierung des *neutralen* Raumes des Gesetzes.

Natürlich beruht sowohl die Art und Weise der Außerkraftsetzung des Gesetzes durch die Linke oder die Rechte auf verschiedenen Grundlagen. Die rechte Außerkraftsetzung, von Anti-Dreyfuss bis zu Oliver North, rechtfertigen dies mit der Bezugnahme auf irgendein höheres nationales Interesse: Sie präsentiert ihre Gewalt als ein schmerzvolles Selbstopfer zum Wohle der Nation. Für die linke Außerkraftsetzung mögen zwei Filme in Erinnerung gerufen werden, *Under Fire* und *Watch on the Rhine*. Der erste spielt während der Revolution in Nicaragua, wo sich ein amerikanischer Photoreporter einem schwierigen Dilemma gegenübersieht. Kurz vor dem Sieg der Revolution töten Anhänger Somosas einen charismatischen Sandinisten-Führer, worauf die Sandinisten den Journalisten fragen, ob er ihnen ein Photo ihres toten Führers als Beweis dafür, dass er noch am Leben sei, fälschen könne, um damit die Behauptungen der Anhänger Somosas bezüglich seines Todes zu widerlegen – dadurch würde er einen schnellen Sieg der Revolution unterstützen und das Leiden durch verlängertes Blutvergießen verhindern. Fachleute für Ethik lehnen eine solche Handlung natürlich ab, da sie die unvoreingenommene Objektivität des Reporters verletzt und den Journalisten zu einem Instrument des politischen Kampfes macht: Nichtsdestotrotz wählt der Journalist die „linke“ Option und fälscht das Photo ... In *Watch on the Rhine*, basierend auf einem Bühnenstück von Lillian Hellman, wird dieses Dilemma noch verschärft.[1] In den späten 30er-Jahren flüchtet eine Frau mit ihrem deutschen Mann, der im Widerstand gegen die Faschisten kämpfte, und ihren Kindern zur Familie ihrer Mutter, einer idyllischen, ganz und gar amerikanischen Familie aus der Mittelschicht, die in einer Vorstadt Washingtons lebt; schon bald sehen sich die emigrierten Deutschen einer unerwarteten Gefahr in Gestalt eines Bekannten der amerikanischen Familie gegenüber, einem Rechten, der die Emigranten erpresst und über seinen Kontakt zur deutschen Botschaft selbst noch Mitglieder aus dem deutschen Untergrund gefährdet. Der Vater der Flüchtlingsfamilie entscheidet sich, ihn zu töten und bringt dadurch die amerikanischen Verwandten in ein schwieriges moralisches Dilemma: Mit der leeren moralisierenden Solidarität mit den Opfern der Nazis ist es jetzt vorbei; jetzt müssen sie tatsächlich für eine Seite Stellung beziehen und sich die Hände schmutzig machen, indem sie den Mord vertuschen ... Auch hier entscheidet sich die Familie für die „linke" Option. „Links" wird dabei durch die Bereitschaft definiert, den abstrakten moralischen Rahmen außer Kraft zu setzen oder, um Kierkegaard zu paraphrasieren, um eine Art *politischer Außerkraftsetzung des Ethischen* zu erreichen.

Die Lektion aus all dem, die anlässlich der Reaktion des Westens gegenüber dem bosnischen Krieg wieder Aktualität erlangt hat, ist folglich, dass es keine Möglichkeit gibt zu vermeiden, parteiisch zu sein, da jeder neutrale Ansatz schon beinhaltet, sich auf eine Seite geschlagen zu haben (im Falle des bosnischen Krieges hatte das „ausgewogene" Gerede über den balkanisch-ethnischen „Stammeskrieg" schon den serbischen Standpunkt übernommen). Humanistische liberale Gleichbehandlung kann leicht ins Gegenteil kippen oder sich mit ihm decken und dann tatsächlich sogar noch die gewaltsamsten „ethnischen Säuberungen" tolerieren. Kurz: Der Linke verletzt nicht einfach nur die unparteiische Neutralität des Liberalen; was er aufzeigt ist, *dass es so etwas wie Neutralität gar nicht gibt*, das heißt, dass die liberale unparteiische Haltung immer schon voreingenommen ist. Das von der liberalen Mitte verbreitete Cliché besteht darin, dass beide Außerkraftsetzungen, die rechte wie die linke, letztlich auf das selbe abzielen sollen, eine totalitaristische Bedrohung der Rechtsstaatlichkeit darstellen. Die ganze Geschlossenheit der Linken hängt davon ab, demgegenüber nachzuweisen, dass jede der beiden Außerkraftsetzungen einer anderen Logik folgt. Während die Rechten ihre Außerkraftsetzung des Ethischen durch ihren antiuniversalistischen Ansatz legitimieren, das heißt in der Art und Weise, wie sie auf eine partikulare (religiöse, patriotische) Identität referieren, die über jede universale Moral oder rechtliche Standards hinausgeht, so legitimiert die Linke ihre Außerkraftsetzung des Ethischen gerade durch ihre Bezugnahme auf diese wahre Universalität, die noch aussteht. Oder, um es anders zu sagen, die Linke akzeptiert gleichzeitig den antagonistischen Charakter der Gesellschaft (es gibt keine neutrale Position, der Kampf ist konstitutiv) *und* bleibt gleichzeitig universalistisch (Fürsprecher der allgemeinen Emanzipation). Aus der Perspektive der Linken ist die Akzeptanz des radikal antagonistischen – das heißt *politischen* – Charakters des gesellschaftlichen Lebens, die Akzeptanz der Notwendigkeit „sich auf eine Seite zu stellen"; der einzige Weg, will man tatsächlich *universal* sein.

Wie haben wir dieses Paradox nun zu verstehen? Es kann nur als ein *Antagonismus, der der Universalität selbst innewohnt*, begriffen werden, das heißt, wenn die Universalität selbst in jene „falsche" konkrete Allgemeinheit, die die existierende Aufteilung des Ganzen in funktionale Teile legitimiert, und die unmögliche/reale Forderung einer „abstrakten" Universalität (Balibars *Gleichfreiheit*) gespalten ist. Die politische Geste *par excellence* der Linken (im Gegensatz zum rechten Motiv: „Jeder und jede an seinen oder ihren Platz“) ist somit die Infragestellung der konkret existierenden allgemeinen Ordnung aufgrund ihrer Symptome, derjenigen Teile in ihr also, die, obgleich sie der existierenden universalen Ordnung inhärent sind, keinen „eigentlichen Platz“ in ihr finden (so etwa illegale Einwanderer oder die Obdachlosen in unserer Gesellschaft). Diese Prozedur der *Identifikation mit dem Symptom* ist das exakte und notwendige Komplement zur üblichen ideologiekritischen Bewegung, einen partikularen Inhalt hinter irgendeiner abstrakten universalen Idee anzunehmen, das heißt, die neutrale Universalität als eine fälschliche zu denunzieren („der ‚Mensch‘ der Menschenrechte ist tatsächlich ein weißer männlicher Begüteter ...“). Man behauptet so den und identifiziert sich mit dem *Punkt der inhärenten Ausnahme/des inhärenten Ausschlusses, mit dem „Abjekt“ der konkreten positiven Ordnung, als dem einzigen Punkt wahrer Universalität.* Es ist leicht zu zeigen, wie etwa die Unterteilung der Menschen eines Landes in „Voll“-Bürger und nur zeitweilig sich dort aufhaltende Fremdarbeiter die „Voll“-Bürger privilegiert und die „Gast“-Arbeiter aus der eigentlichen öffentlichen Sphäre ausgeschlossen werden (genauso, wie Mann und Frau nicht zwei Arten eines neutralen universalen Menschengeschlechts sind, da der Inhalt des Geschlechts als solcher eine Art „Verdrängung“ des Weiblichen involviert); theoretisch und politisch produktiver ist es aber (da damit die Möglichkeit für eine „progressive“ Subvertierung der Hegemonie eröffnet wird), die gegenteilige Operation durchzuführen, nämlich *die Universalität mit dem Punkt des Ausschlusses zu identifizieren* – in unserem Fall also zu sagen, „Wir sind alle Fremdarbeiter!“. In einer hierarchisch strukturierten Gesellschaft ist das Richtmaß wahrer Universalität die Art und Weise, wie sich ihre Teile zu denjenigen verhalten, „die ganz unten sind", durch und von den anderen ausgeschlossen werden (in Ex-Jugoslawien zum Beispiel wird die Universalität durch die Albaner und die bosnischen Muslime repräsentiert, auf die von allen Seiten herabgesehen wird). Die neulich gemachte pathetische Aussage: „Sarajevo ist die Hauptstadt Europas!" war ein exemplarischer Fall einer solchen Idee der Ausnahme als Verkörperung der Universalität. Die Art und Weise, wie sich das aufgeklärte liberale Europa auf Sarajevo bezog, warf ein Licht darauf, wie es sich auf sich selbst bezog, auf seine eigene universale Idee.

Die Beispiele, die wir gewählt haben machen klar, dass der richtige linke Universalismus keine Rückkehr zu irgendeinem neutralen universalen Inhalt (einer allgemeinen Idee der Menschlichkeit oder ähnliches) darstellt; vielmehr bezieht er sich auf ein Universales, das nur in einem partikularen Element zu existieren beginnt (das nur dort „für sich" ist, um es mit Hegel zu sagen), das strukturell deplaziert, „aus den Fugen" ist. Innerhalb eines gegebenen gesellschaftlichen Ganzen ist es genau dasjenige Element, das daran gehindert wird, seine vollständige partikulare Identität zu aktualisieren, die für seine universale Dimension steht. Der griechische *demos* stand nicht deshalb für das Universale ein, weil er die Mehrzahl der Bevölkerung umfasste, auch nicht weil er den untersten Platz in der gesellschaftlichen Hierarchie besetzte, sondern *weil er* keinen *eigentlichen Platz in dieser Hierarchie hatte*, ein Feld der konfliktorischen selbstaussetzenden Bestimmungen war oder, um es in zeitgenössischen Begriffen zu formulieren, weil er ein Ort der performativen Widersprüche war (man sprach sie als Gleiche an – als solche, die an der Gemeinschaft des *lógos* teilhatten – um sie darüber zu informieren, dass sie aus dieser Gemeinschaft ausgeschlossen sind ...). Um Marxens klassisches Beispiel aufzunehmen, steht „Proletariat" nicht für die universale Menschlichkeit, weil es die am tiefsten stehende und am meisten ausgebeutete Klasse sei, sondern weil deren bloße Existenz ein „lebender Widerspruch" ist, das heißt, weil sie die fundamentale Schieflage und Inkonsistenz des kapitalistischen Ganzen verkörpert. Wir können nun begreifen, in welchem präzisen Sinn die Dimension des Universalen der des Globalismus gegenübergestellt ist: Die universale Dimension „scheint durch" das symptomatische deplazierte Element hindurch, das dem Ganzen angehört, ohne eigentlich Teil von ihm zu sein. Aus diesem Grund sollte sich eine Kritik an der möglichen ideologischen Funktion der Idee der Hybridität auf keine Weise zum Anwalt der Rückkehr substantieller Identitäten machen – der Sinn besteht gerade darin, *die Hybridität als einen Ort des Universalen* zu behaupten.

Insoweit normative Heterosexualität für die globale Ordnung steht, innerhalb derer ein jedes Geschlecht den ihm angestammten Platz zugewiesen bekommt, sind *queere*[2] Forderungen nicht bloß Forderungen, die danach verlangen, dass man ihre sexuellen Praktiken und ihren sexuellen *Life-Style* in ihren spezifischen Ausprägungen neben anderen Praktiken anerkennen solle, sondern etwas, das gerade die globale Ordnung und ihre ausschließende hierarchische Logik erschüttert; genau als solche, als „aus den Fugen Geratene", stehen *Queers* für die Dimension der Universalität ein (oder besser: sie *können* dies, weil sich die Politisierung niemals unmittelbar in die eigene objektive gesellschaftliche Position einschreibt, sondern die Geste der Subjektivierung verlangt). Judith Butler entwickelt eine kraftvolle Argumentation gegen die abstrakte und politisch regressive Opposition zwischen dem ökonomischen und dem „bloß kulturellen" Kampf der *Queers* um Anerkennung. Weit davon entfernt, „bloß kulturell" zu sein, befindet sich die gesellschaftliche Form der geschlechtlichen Reproduktion genau im Zentrum der gesellschaftlichen Produktionsverhältnisse, das heißt die heterosexuelle Kleinfamilie ist Schlüsselkomponente und Bedingung der kapitalistischen Besitzverhältnisse, des Tausches und so weiter; aus diesem Grund stellt die Art und Weise, mit der *queere* politische Praxis die normative Heterosexualität befragt und unterwandert, eine potentielle Bedrohung der kapitalistischen Produktionsweise dar ...[3] Natürlich sollte man *queere* Politik befürworten, insoweit sie den spezifischen Kampf als etwas „metaphorisiert", das, würden ihre Zielvorstellungen erfüllt, genau die Potentiale des Kapitalismus unterminierte. Das Problem dabei besteht jedoch darin, dass das heutige kapitalistische System im Kreislauf der am Werk befindlichen Transformation in das „postpolitische" tolerante multikulturalistische Regime, in der Lage ist, *queere* Forderungen zu neutralisieren, das heißt sie als eine spezifische „Lebensform" zu absorbieren. Ist die Geschichte des Kapitalismus nicht die lange Geschichte dessen, wie das ideologisch-politische Rahmenwerk dazu in der Lage war, sich die Bewegungen und Forderungen einzuverleiben (und sie von ihren subversiven Kanten zu befreien), die scheinbar gerade sein Überleben bedrohten? Lange Zeit dachten Befürworter der sexuellen Befreiung, die monogamische sexuelle Repression wäre für den Kapitalismus notwendig – wir wissen heute, dass der Kapitalismus Formen „perverser" Sexualität nicht nur tolerieren, sondern diese auch aktiv auslösen und ausbeuten kann, ganz zu schweigen vom promiskuitiven Frönen sexueller Vergnügungen. Was, wenn das selbe Schicksal die *queeren* Forderungen erwartet?

Es ist die *politische* Ökonomie, Dummkopf!

Die große Neuigkeit im heutigen postpolitischen Zeitalter nach dem „Ende der Ideologie“ ist die radikale Entpolitisierung der Sphäre der Ökonomie: Das Verfahren der Wirtschaft (die Notwendigkeit, Sozialausgaben zu kürzen und so weiter) wird einfach als eine Einsicht in irgendeinen objektiven Stand der Dinge betrachtet. Solange jedoch diese fundamentale Entpolitisierung des ökonomischen Bereichs akzeptiert wird, bleibt all das Gerede über aktive Bürgermitbestimmung, über öffentliche Diskussionen, die zu verantwortungsvollen gemeinsam getroffenen Entscheidungen führen und so weiter, auf die „kulturell“ limitierten Anliegen der religiösen, sexuellen, ethnischen und anderer Lebensformunterschiede begrenzt, ohne tatsächlich auf eine Ebene vorzudringen, auf der langfristig wirksame Entscheidungen getroffen werden könnten, die uns alle angehen. Der einzige Weg, eine Gesellschaft herbeizuführen, in der risikoreiche grundlegende Entscheidungen aus einer öffentlich geführten Debatte aller Betroffenen herrühren, besteht kurz gesagt in einer Art radikaler Limitierung der Freiheit des Kapitals, in der Unterordnung des Produktionsprozesses unter soziale Kontrolle, was einer radikalen *Repolitisierung der Ökonomie* gleichkommt. Und damit ist gemeint: Wenn das Problem der heutigen Post-Politik („Verwaltung gesellschaftlicher Belange“) darin besteht, dass sie im zunehmenden Maße die Möglichkeiten einer eigentlichen politischen Handlung unterbietet, so ist das auf die allgemeine Akzeptanz des Kapitals und der Marktmechanismen als neutrale Instrumente/ Prozeduren zurückzuführen, die einfach ausgeschöpft werden. Wir können also sehen, warum die heutige Post-Politik die eigentliche politische Dimension der Universalität verfehlt, weil sie stillschweigend die Sphäre der Ökonomie von der Politisierung ausnimmt. Die Domäne der globalen kapitalistischen Marktverhältnisse ist der andere Schauplatz der sogenannten Repolitisierung der Zivilgesellschaft, die von den Parteigängern der „Identitätspolitik“ und anderer postmoderner Formen der Politisierung verteidigt wird. All das überall lauernde Gerede über neue Formen der Politik bezieht sich auf partikulare Angelegenheiten (Rechte der Schwulen, Ökologie, ethnische Minderheiten ...), all diese unaufhörliche Aktivität flüssiger, sich verwandelnder Identitäten, die sich der Herstellung von vielgestaltigen *ad-hoc*-Koalitionen und so fort widmen, hat etwas Unechtes an sich und gleicht letztlich dem Zwangsneurotiker, der unaufhörlich daherredet und auch sonst fürchterlich aktiv ist, gerade um zu vermeiden, dass etwas – etwas, das *wirklich zählt* – *nicht* gestört wird, und weiter hübsch still hält. Anstatt also die neuen Freiheiten und Verantwortlichkeiten zu bejubeln, die uns eine „zweite Moderne“ beschert haben, ist es viel wichtiger, sich auf dasjenige zu konzentrieren, was in dieser ganzen globalen Verflüssigung und Reflexivität *dasselbe bleibt*, was diesem Im-Fluss-befindlichen als eigentlicher Antriebsmotor dient: die unerbittliche Logik des Kapitals. Die gespenstische Anwesenheit des Kapitals ist die Figur des großen Anderen, die nicht nur auch dann noch operativ bleibt, wenn die ganzen traditionellen Verkörperungen des symbolischen großen Anderen zerfallen sind, sondern die diese Desintegration auch noch unmittelbar verursacht. Weit davon entfernt mit dem Abgrund seiner Freiheit konfrontiert zu werden, das heißt mit der Bürde der Verantwortlichkeit belastet zu sein, die durch die helfende Hand der Tradition oder der Natur nicht gelindert werden kann, ist das heutige Subjekt vielleicht mehr als je zuvor im Griff eines unerbittlichen Zwanges, der in der Tat sein Leben bestimmt.

Die Ironie der Geschichte liegt darin, dass in den osteuropäischen, exkommunistischen Ländern, die „reformierten" Kommunisten die ersten waren, die diese Lektion begriffen haben. Warum sonst kamen so viele von ihnen durch freie Wahlen Mitte der 90er-Jahre wieder an die Macht? Aufgrund ihrer privilegierten Verbindungen zu den neu auftauchenden Kapitalisten (meistens Mitglieder der alten *Nomenklatura*, die die Firmen „privatisierten", die sie zuvor leiteten) waren sie zuallererst und am entschiedensten die Partei des Kapitals; darüber hinaus, um die Spuren ihrer kurzen, aber nichtsdestoweniger traumatischen Erfahrung mit einer politisch aktiven Öffentlichkeit zu tilgen, befürworteten sie in der Regel heftig eine rasche De-Ideologisierung, eine Rückführung des aktiven öffentlichen Engagements zum passiven, apolitischen Konsumismus – genau diejenigen beiden Merkmale also, die den gegenwärtigen Kapitalismus kennzeichnen. Die Dissidenten stellten daher zu ihrem Erstaunen fest, dass sie die Rolle eines sich „entziehenden Vermittlers“ auf dem Weg vom Sozialismus zum Kapitalismus spielten, wobei in letzterem dieselbe Klasse nun eben in anderem Gewand regierte. Aus diesem Grund ist es falsch zu behaupten, dass die Rückerlangung der Macht durch die Exkommunisten, die Enttäuschung der Menschen durch den Kapitalismus zum Ausdruck brächte, die sich nach der alten sozialistischen Sicherheit sehnten – in einer Art Hegelscher „Negation der Negation“ ist es ausschließlich diese Rückkehr der Exkommunisten an die Macht, die tatsächlich den Sozialismus negiert, das heißt, was die politischen Analysten als „Enttäuschung über den Kapitalismus“ auslegen, ist in der Tat die Enttäuschung über den ethiko-politischen Enthusiasmus, für den es im „normalen“ Kapitalismus keinen Platz mehr gibt. Nachträglich wird damit klar, wie tief ein Phänomen wie jenes der sogenannten „Dissidenz“ im sozialistischen Rahmenwerk verankert war, bis zu einem Ausmaß nämlich, in dem diese „Dissidenz“ mit ihrem utopischen „Moralismus“ (gesellschaftliche Solidarität, ethische Verantwortlichkeit und anderes mehr zu predigen) den verleugneten ethischen Kern für den Sozialismus abgab: vielleicht werden Historiker eines Tages – im gleichen Sinne, in dem Hegel sagte, dass das wahre geistige Resultat des peleponnesischen Krieges, sein geistiges Ende, Thukydides' Buch über ihn sei – aufzeichnen, dass die „Dissidenz“ das wahre geistige Resultat des real existierenden Sozialismus war ...

Wir sollten folglich die alte marxistische Kritik der „Verdinglichung" wieder geltend machen, da heute die Betonung der entpolitisierten „objektiven" ökonomischen Logik gegen die angeblich „überholten" Formen der ideologischen Leidenschaften selbst *die* vorherrschende ideologische Form vorlegt, da die Ideologie immer selbstreferentiell bleibt, das heißt sich immer durch die Distanznahme zu einem Anderen definiert, das sie als „ideologisch" abweist und denunziert. Aus genau diesem Grund, das heißt, weil die *entpolitisierte Ökonomie die verleugnete „fundamentale Phantasie" der postmodernen Politik ist,* würde ein eigentlicher politischer *Akt* notwendigerweise die Repolitisierung der Ökonomie zur Folge haben: Innerhalb einer gegebenen Situation zählt eine *Handlung* nur insoweit als eine solche, als sie die fundamentale Phantasie quert („traversiert").

Da heute alle moderaten Linken, von Blair bis Clinton, diese Entpolitisierung akzeptieren, werden wir Zeugen eines seltsamen Rollentausches. Die einzige seriöse politische Kraft, die fortfährt den schrankenlosen Markt in Frage zu stellen, ist die populistische extreme Rechte (Buchanan in den USA, Le Pen in Frankreich). Als sich die Wall Street negativ zur sinkenden Arbeitslosenrate äußerte, war der einzige, der den offensichtlichen Schluss zog, dass das, was für das Kapital gut sei, offensichtlich nicht gut für die Mehrheit der Bevölkerung sei, eben Buchanan. Im Unterschied zur alten Weisheit, dass die extreme Rechte nur offen ausspricht, was die moderate Rechte im Stillen denkt, aber nicht öffentlich zu sagen wagt (offenes Eintreten für Rassismus, die Notwendigkeit einer starken Führung und kulturelle Hegemonie

„westlicher Werte" und so weiter) haben wir es jetzt mit einer Situation zu tun, in der die extreme Rechte offen das zum Ausdruck bringt, was die moderate *Linke* stillschweigend denkt, aber nicht öffentlich zu artikulieren wagt (die Notwendigkeit, sich von der Kandare des Kapitals freizumachen). Man sollte sich natürlich völlig der enorm befreienden Wirkung der postmodernen Politisierung von Bereichen bewusst sein, die bislang als apolitische wahrgenommen wurden (Feminismus, schwule und lesbische Politiken, Ökologie, ethnische und andere sogenannte Minderheitenfragen); die Tatsache, dass derlei Angelegenheiten jetzt nicht nur als zutiefst politisch wahrgenommen werden, sondern auch neue Formen der politischen Subjektivierung entstehen ließen, hat unsere gesamte politische und kulturelle Landschaft gänzlich neu gestaltet. Die Absicht besteht also nicht darin, diese enormen Möglichkeiten herunterzuspielen, um irgendeiner neuen Version des sogenannten ökonomischen Essentialismus das Wort zu reden; sie besteht vielmehr darin zu zeigen, dass die Entpolitisierung der Ökonomie die populistische Neue Rechte mit ihrer Ideologie der *Moral Majority* erzeugt, die heutzutage das Haupthindernis für genau die (feministischen, ökologischen ...) Forderungen darstellt, auf die sich die postmodernen Formen der politischen Subjektivierungen konzentrieren. Kurz: Wir plädieren für eine „Rückkehr zum Primat der Ökonomie", nicht um den Anliegen, die durch die postmodernen Formen der Politisierung aufgeworfen wurden, zu schaden, sondern um die Bedingungen zur effektiveren Realisierung eben dieser Forderungen zu schaffen.

Anmerkungen

Die Hegemonie und ihre Symptome

1 Vgl. Ernesto LACLAU, *Emancipation(s)*, London 1996.

Warum sind die herrschenden Ideen nicht die Ideen der Herrschenden?

1 Dieser Punkt wird im Detail von Etienne BALIBAR ausgearbeitet. Man vergleiche dazu sein Buch *Der Schauplatz des Anderen* (Hamburg 2006).

2 Zum Begriff der *égaliberté* vgl. auch Etienne BALIBAR, *Gleichfreiheit*, Frankfurt a M. 2012.

Das Politische und seine Verleugnungen

1 Vgl. Jacques RANCIÈRE, *Das Unvernehmen*, Frankfurt a. M. 2001.

… und ihre Gewalt

1 Vgl. Etienne BALIBAR, „Die Gewalt – Grausamkeit und Idealität", in: Ders., *Der Schauplatz des Anderen. Formen der Gewalt und Grenzen der Zivilität*, Hamburg 2006.

2 Für eine weiteren Erläuterung dieses Motivs vgl. Kapitel 3 in Slavoj ŽIŽEK, *Die Metastasen des Genießens*, Wien 1996.

3 Vgl. Etienne BALIBAR, *Der Schauplatz des Anderen. Formen der Gewalt und Grenzen der Zivilität*, Hamburg 2006, S. 39 f.

4 Vgl. ausführlicher dazu Kapitel 3 in Slavoj ŽIŽEK, *Der nie aufgehende Rest*, Wien 1996.

Die drei Universalien

1 Man vergleiche dazu exemplarisch „Die Universalismen" bei Etienne BALIBAR, *Der Schauplatz des Anderen. Formen der Gewalt und Grenzen der Zivilität*, Hamburg 2006, S. 281–314.

Die repressive Toleranz des Multikulturalismus

1 Vgl. Darian LEADER, *Warum Frauen mehr Briefe schreiben, als sie abschicken*, München 1996.

2 Vgl. Karl MARX, *Die Klassenkämpfe in Frankreich 1848–1850*, in: MEW, Bd. 7, Berlin (Ost) 1960, S. 9–107. Die „Partei der Ordnung" war aus der Koalition von Orleanisten und Legitimisten entstanden und trug durch die Betonung eines Republikanismus in kleinbürgerlicher Absicht zur Spaltung und Schwächung der zögerlichen „Montagne" bei. Die entscheidende Rolle in dieser Entwicklung spielte Camille Hyacinthe Odilon Barrot. *A.d.Ü.*

1 Lillian Hellman, 1905 in New Orleans geboren, veröffentlichte das gleichnamige Stück erstmals 1941/42. Für den Film, der 1943 uraufgeführt wurde (Regie: Herman Shumlin), schrieb sie gemeinsam mit ihrem Freund Dashiell Hammett das Drehbuch, in der Hauptrolle spielte Bette Davis. Dieser Film lief trotz vier „Oskar"-Nominierungen nicht in den deutschsprachigen Kinos. Erst 1977 wurde eine Fernsehfassung unter dem Titel *Die Wacht am Rhein* ausgestrahlt. Von Lillian Hellman ist unter anderem auch ein Band mit Lebenserinnerungen und politischen Materialien in deutscher Übersetzung erschienen, auf den in diesem Zusammenhang verwiesen sein soll. Vgl. Lillian HELLMAN, *Die Zeit der Schurken*, Hamburg 1987. *A.d.Ü.*

2 Wir halten uns hier an die inzwischen in der deutschsprachigen theoretischen Diskussion üblich gewordene Begrifflichkeit. Durch die Setzung des Wortes *queer* geht allerdings nach wie vor die eigentlich von Judith Butler intendierte Umkehrung des vormaligen Ausdrucks der Erniedrigung (Schwuchtel, Lesbe ...), also die *Umfunktionierung im Brechtschen Sinn* verloren. Vgl. Judith BUTLER, *Körper von Gewicht*, S. 307–332, Frankfurt a. M. 1997. *A. d. Ü.*

3 Vgl. Judith BUTLER, „Merely Cultural", in: *New Left Review* (227/1998), S. 33–44.

Slavoj Žižek
im Passagen Verlag

Philosophie und Aktualität
Ein Streitgespräch
Passagen forum
978-3-7092-0030-8

Das Unbehagen im Subjekt
Passagen forum
978-3-85165-933-7

Die Metastasen des Genießens
Sechs erotisch-politische Versuche
Passagen Philosophie
978-3-85165-824-8

Willkommen in der Wüste des Realen
Passagen forum
978-3-85165-672-5

Passagen forum

Slavoj Žižek

Quer durchs Reale

Slavoj Žižeks Denken lässt sich auf keinen der Teile reduzieren, aus denen es sich zusammensetzt. Er ist ein unersättlicher Denker des Realen, der virtuos die Grenzen zwischen Konkretem und Abstraktem verschiebt und überschreitet. Die Gespräche mit Fabien Tarby eröffnen einen Zugang zu den zentralen Motiven seiner lebendigen und engagierten Theorie, die in stetem Dialog mit Lacan, Marx und Hegel steht, und beleuchten seine freundschaftlichen Meinungsverschiedenheiten mit Alain Badiou. Doch es geht auch um die Beziehungen des Balkans zur Welt, um Deleuze und Derrida, Politik, Mythen und das Kino... *Quer durchs Reale* präsentiert ein fesselndes Denken in Bewegung.

Passagen Kunst

Slavoj Žižek, Peter Weibel (Hg.)

Inklusion : Exklusion

Probleme des Postkolonialismus
und der globalen Migration

Heute ist alle Welt vom Phänomen der Globalisierung fasziniert; davon, wie ethnische und kulturelle Eigenheiten durch die im Entstehen begriffene globale, kulturelle und ökonomische Totalität aufgesogen werden. Wesentlich weniger Aufmerksamkeit erfährt hingegen das komplementäre Phänomen der Exklusion, das die notwendige Kehrseite der Globalisierung darstellt. Es gibt keine einfache Lösung, um dieser Exklusionstendenz entgegenzuwirken: Alle liberal-demokratischen Projekte, die den Raum sozialer Inklusion offen zu halten behaupten, betätigen früher oder später den Exklusionsmechanismus. Der Multikulturalismus verkehrt sich zur Verfechtung in sich geschlossener ethnischer Identitäten; die Verdammung des „fundamentalistischen“ Anderen als intolerant schließt diesen gerade im Namen der Inklusionslogik aus. Die in diesem neu aufgelegten Band versammelten Essays suchen Antworten auf dieses Dilemma, dessen Brisanz ungebrochen ist.